农村动物医生

李乡状 主编

天津科学技术出版社

图书在版编目（CIP）数据

农村动物医生/李乡状主编．—天津：天津科学技术出版社，2011.7
（科技改变生活）
ISBN 978－7－5308－6484－5

Ⅰ．①农…　Ⅱ．①李…　Ⅲ．①家禽—禽病—防治②家畜—动物疾病—防治　Ⅳ．①S858

中国版本图书馆 CIP 数据核字（2011）第 151062 号

责任编辑：蔡小红
责任印制：兰　毅

天津科学技术出版社出版
出版人：蔡　颢
天津市西康路 35 号　　邮编　300051
电　话：（022）23332695（编辑室）　23332393（发行部）
网　址：www. tjkjcbs. com. cn
新华书店经销
印　刷：北京龙跃印务有限公司印刷

开　本：850×1168　1/32　印张 45　字数 850 千字
2011 年 8 月第 1 版第 1 次印刷
定　价：165.00 元（全十册）

前言

人生有许多梦想，而我的梦想之一就是为农民农村农业服务，这套农业丛书的出版，让我的这个梦想得以实现。我的童年是在农村度过的，换句话说，我拥有绿色的童年。正是那时的历练与陶冶，使我在此后的城市生活中做到了处变不惊，胜不骄，败不馁。多少年来，始终萦绕在我心头的是挥不去的浓浓乡情。我大学毕业去单位报到，领导看见我的名字二话没说就将我分到了农村救济科；我进入报界，主编同样不假思索地让我在乡村栏目任职；后又派我到《农村天地》杂志社工作8年。总之，我的工作离不开农村与农业，朋友也是农民居多。不谦虚地说，就是城里人不屑或者说是不会的农活我也会干几样，比如水稻育苗、葡萄嫁接等。身后有余忘缩手，眼前无路想回头。就在我为出版这套丛书四处搬兵、网罗人才时，得到《吉林日报》社农村部主任张力军，副主任石威，群工部主任孟繁杰，记者林启龙、王继富的积极响应与帮助。在此表示诚挚的谢意。俗话说，人多力量大，众人拾柴火焰高。我的大学同学肖军在关键时刻，给我以鼎力支持，找来了任东波等几名农大的专家一同助我一臂之力。我的老领导、曾经在《农村科学实验》《农村未来》《农村畜牧受医》杂志任主编、主任的周振和、吕维也加入了这个团队，使我的力量大增。从而保证了这套丛书的质量，在具有科学性、实用性的同时，技术上也有了一定的高新度。我希望这套丛书能为推动新农村建设尽微薄之力。当然由于时间仓促，难免有不足之处，敬请广大读者及朋友批评指正。

李乡状

2011 年 4 月

目　录

第一章　鸡病的防治

第一节　大肠杆菌病

它是由不同血清型致病性大肠杆菌引起鸡的急性或慢性疾病的总称。本病属肠道杆菌科的大肠埃希氏杆菌，简称大肠杆菌。

目前，鸡大肠杆菌病在养鸡业成为发病率极高的疾病，危害极大。及时对症治疗，减少损失，有效做好大肠杆菌病的防治工作，已经成为集约化养鸡业迫切需要解决的重要问题之一。

大肠杆菌不论是在自然环境中，还是在饲料、饮水、鸡舍环境、鸡体本身等，均有它的存在。一般情况下，大肠杆菌会随着粪便排出去，可污染蛋壳，使禽胚死亡或出壳时发病和带菌，是该病传播过程中的重要传播途径。带菌禽以水平方式传染健康禽，消化道、呼吸道为常见的传染门户。

本病一年四季均可发生，当季节多雨潮湿，通风不良，积粪多，拥挤以及鸡群感染新城疫病毒，鸡传染性法氏囊病毒和患慢性呼吸道疾病时，常成为引起本病的主要诱因。饲养管理不良、饲料搭配不当或突然改变，气候剧变等因素能诱发本病发生，集约化养殖若饲养密度过大，污染严重，加之消毒不严，常引起较高的发病率，雏鸡死亡率几乎可达100%。

感染大肠杆菌病后，一般表现为雏鸡精神不振，闭眼嗜睡，个别鸡煽动翅膀，尖叫不安，有的鸡张口呼吸，排稀便或水样便，呈灰白色、黄色，多数腿干燥、脱水。

针对这一病因，就需要采取有效的防治措施。首先，有害环境是引起大肠杆菌感染的主要原因之一。因此，要保持鸡舍内空气的清新；保持场地、饲料、饮水清洁，及时清除粪便等垃圾；要对场地、器具等进行彻底消毒；种蛋、孵化厅及禽舍内外环境要搞好清洁卫生，并按消毒程序进行消毒，以减少种蛋和雏鸡感染大肠杆菌及其传播的可能性。其次，建立健康的种鸡群，以减少种蛋污染。最后，饮水也是引发大肠杆菌病的一大重要因素。因此，要加强饲料、饮水的监测；对水井、水箱等储水设施以及输水管道要经常清理、适时消毒；改变维生素的补给方式等，以防止大肠杆菌的爆发。

第二节　鸡白痢

鸡白痢沙门氏杆菌，革兰氏阴性，无荚膜、无芽胞和鞭毛，呈杆状或卵圆形，单个或成对排列，为兼性产气菌。此菌对热的抵抗力不强，60℃的温度，持续 10 分钟即可死亡。普通消毒药，如 0.01%高锰酸钾液、2%石炭酸液、0.2%福尔马林液，可于数分钟内杀死病菌。

鸡白痢又叫细菌性白痢，是由鸡白痢沙门氏菌引起的，在各种日龄均可发生的一种传染病。雏鸡通常表现为复性败血性经过，病雏鸡精神倦怠，排白色稀便；成鸡则表现为慢性或隐性感染。本病是一种危害大而又难以根除的传染病，必须重点加以防治。

本病为鸡的一种卵转性疾病，种鸡场如被该菌污染，在孵化过程中可造成胚胎死亡，孵化的雏鸡有病雏，同时，病鸡和带菌鸡成为主要传染来源。一年四季均可发生；鸡最易感，各种年龄，不同品种的鸡都可感染，但以褐羽产褐壳蛋的鸡种易感染性最高；白羽产白壳蛋的鸡种抵抗力稍强。本病在雏鸡中流行最为广泛，多发生于孵出不久的雏鸡。成年种鸡的感染，常局限于卵巢、卵和输卵管等处。经消化道及呼吸道传染，也可由带菌母鸡经蛋传至下一代；患病公鸡的睾丸和精液中含有病菌，可通过配种传染；病鸡粪便污染的孵化器，常为重要的传染媒介。

不同日龄的鸡白痢病的发生与临床表现有较大差异，雏鸡白痢是鸡场常见病之一。病鸡怕冷；精神沉郁，低头缩颈，羽毛蓬松，翅下垂，扎堆嗜睡；食欲下降，少食或不吃。有的病雏呼吸困难、喘气；还会出现关节病变，有的可见关节肿大，行走不便、跛行，幸存雏鸡多为僵鸡。

该病多发生于40～80日龄的中鸡，病症发生的时候很突然，鸡群的食欲和精神尚可，但总会见到鸡群中不断出现精神食欲差和下痢的鸡，常常出现突然死亡。死亡不见高峰，而是每天都有鸡死亡，数量不一。该病的病程较长，可拖延20～30天，死亡率可达10%～20%。

成年的鸡白痢病多呈现出慢性的经过或是隐性感染，常常不会出现明显的症状。随着鸡群感染比例越来越大，也会明显地影响鸡的产蛋量、产蛋高峰不高、维持时间亦短、死淘率增高。少数表现沉郁、厌食、鸡冠萎缩，常有腹泻。仔细观察鸡群，可发现有的鸡减产或根本不产蛋。

对于这种病的防治，要建立和培育无白痢鸡群，要从挑选健康种鸡、种蛋开始。在健康鸡群，每年春秋两季，对种鸡定期用血清凝集试验，全面检疫及不定期抽查检疫，还要加强孵化工作以及育雏饲养管理和卫生消毒。一旦发病，必须立即隔离、封锁和治疗，尽快扑灭传染源。以后可每隔3个月后，重复作试验1次，直到连续2次均不出现阳性反应以后，可改为每隔6个月或一年检疫一次。

第三节　鸡新城疫

鸡新城疫病毒，在分类上是副粘病毒属中具有代表性的一种。病毒粒子呈球形，具有囊膜。病毒能在鸡胚内及多种动物细胞组织上生长，存在于病鸡的所有组织、器官、体液、分泌物和排泄物中，以脑、脾、肺含毒量最高，而以骨髓含毒时间最长。

鸡新城疫，俗称鸡瘟，又名为亚洲鸡瘟，是一种高度接触性、急性、烈性传染病。由鸡新城疫病毒引起的病症常呈现出呼吸困难、黏膜和浆膜出血、神经机能紊乱。目前，在大中型养鸡场，鸡群有一定免疫力的情况下，鸡新城疫主要是以一种非典型的形式出现。

病情的发生主要是由于环境污染严重，养殖密集区，大型养殖场长年多批次、多日龄大量养殖，新城疫病毒长期存在。疫苗的质量问题，主要是因为免疫程序不合理或免疫方法不当。如果新城疫病毒的基因型有所改变，就会造成免疫的失败。

此外，饲养密度过大，通风不良，有害气体过多，特别是在冬末春初的寒冷季节，有利于病毒、细菌的生存和传播，忽视鸡舍通风换气，造成各种呼吸道疾病的传播。同时，鸡群营养不良或患有营养慢性消耗性疾病，会导致免疫力低下，对疫苗免疫力降低，因免疫失败而发病。

鸡新城疫病有不同的表现特征：一是高致病性禽流感，鸡群发病后可突然死亡；病鸡脸部、鸡冠和肉垂水肿，边缘出现紫黑色坏死斑点。剖检可见全身器官出血，但见不到肠道的纽扣状出血及溃疡；二是低致病性禽流感，发病鸡群采食量明显减少，饮水增多；流鼻液，鼻窦肿胀；眼结膜充血，流泪；头部水肿，鸡冠、肉垂肿胀、发紫、出血甚至坏死、脚鳞出血。三是鸡传染性支气管炎，临床表现为一过性呼吸道症状，有啰音或喘鸣音；肉鸡和育成鸡感染后，可引起鸡的增重和饲料报酬降低；产蛋鸡感染后，产蛋率下降，剖检常见气管下段有黄白色痰状栓子堵塞。

主要传染源是病鸡和带毒鸡，其分泌物、粪便以及被污染的饲料、饮水，非易感的野禽、外寄生虫、人畜等均可传播病源。主要是通过消化道和呼吸道传播，也可能经过损伤的皮肤、黏膜侵入体内。各种鸡和不同年龄的鸡都能感染，幼鸡和中鸡更易感染，两年以上的老鸡易感性降低。在非免疫区或免疫低下的鸡群，一旦有速发型毒株侵入，可迅速传播，呈毁灭性流行，发病率和死亡率可达90%以上，一年四季均可发生。

鸡新城疫预防的关键，是适时进行免疫接种和实施综合性防治措施。在实际生产中，新城疫的免疫保护水平受母源抗体、疫苗种类、弱毒疫苗株的性质、免疫程序、接种鸡群的个体差异、鸡群的感染状况等因素的影响。实践证明，免疫后隔离措施较好，环境清洁的鸡群，不发生新城疫。因此，预防接种后，也不能忽视良好的管理和安全措施。

对该病的预防，首先要认真落实好饲养场生物的安全措施，加强鸡群的饲养管理；严格隔离消毒，切断疫病传播途径；大、中型鸡场应执行“全进全出”制度，加强检疫，防止动物进入易感鸡群，工作人员、车辆进出须经严格消毒处理。之后，就是搞好预防接种。目前，鸡新城疫Ⅰ、Ⅱ、L（Lasota）系活疫苗和油乳灭活疫苗是我国最常用的疫苗；疫苗的使用应根据实际情况制订出自己的免疫程序和免疫途径；大型鸡场多采用气雾和饮水免疫；小型鸡场和农家养鸡可采用滴鼻和注射等方法。

一旦发生本病，首先将可疑病鸡检出焚烧或深埋，被污染的羽毛、垫草、粪便亦应深埋或烧毁。封锁鸡场，禁止转场或出售，立即彻底消毒环境，消灭传染源，防止疫情扩散。给鸡群进行Ⅰ系苗加倍剂量的紧急接种；鸡场内如有雏鸡，则应严格隔离，避免Ⅰ系苗感染雏鸡。最后一个病例处理两周后，并通过严格消毒，方可解除封锁，重新进鸡。

第四节　禽流感

禽流感，又称真性鸡瘟或欧洲鸡瘟，在世界上的诸多的国家和地区都有发生过。本病是由A型流感病毒引起的家禽和野禽的一种，从呼吸病到严重性败血症等多种症状的综合病症。禽流感是一种危害很大的传染性疾病，疾病的传播会给养禽业造成巨大的经济损失。

禽流感病毒易变异，亚型较多，各亚型之间交叉保护率差，且毒力差异也很大。A 型流感病毒能在鸡胚、鸡胚纤维细胞中生长，大多不致死鸡胚，能凝集多种动物的红细胞。病毒对紫外线敏感，加热 55℃持续 1 小时的时间、加热 60℃的时间持续 10 分钟时间，可被消灭，对大多数防腐消毒药敏感。病毒在干燥尘埃中可存活两周，在 4℃时可保存数周，在冷冻的禽肉和骨髓中可存活长达 10 个月之久。

A 型流感病毒的传染源是病死禽及其排泄物，带毒的候鸟是危险的传染源。它能感染多种家禽和野禽，在家禽中以鸡和火鸡最易被感染。其次是雉鸡和孔雀，鸭、鹅和鸽则较少感染。A 型流感病毒流行极强，一旦发病，迅速传播，并向四周扩散，反复发病。不同品种和年龄的禽类均可感染发病，育成鸡发病死亡率轻微，产蛋鸡发病后造成的损失极高，高致病力的禽流感，如 H5、H7 等，可引起极高的死亡率。

本病通过多种途径传播，可通过被污染的一切用具，人类和空气等传播。主要是通过粪便中大量的病毒粒子污染空气而扩散。人员和车辆往来是传播本病的重要因素。吸血昆虫可传播病毒，带毒的种蛋可垂直传播。野鸟，特别是迁徙的水鸟，使本病的传播途径很难控制。人工接种，可通过气溶胶，通过鼻内、气管内、口眼结膜、肌肉内、腹腔内、静脉内、泄殖腔内等途径使易感禽感染。

该病的潜伏期，从几小时到几天不等，一般发病率高、死亡率低。但在高致病力毒株感染时，发病率和死亡率可达100%。病程稍长的表现为体温急剧升高达43℃以上；症状主要是精神委顿、不食、衰弱、羽毛松乱，头、翅下垂，活动减少，呆立不动，呈昏睡状态；鸡冠和肉髯发绀肿胀，头部和眼睑水肿，结膜肿胀发炎，鼻腔内有黏性分泌物；明显的呼吸道症状，咳嗽、鸣音、喷嚏、呼吸困难；有些病例出现下痢和神经症状，排白色或绿色粪便，抽搐，运动失调，瘫痪和半瘫痪；一般症状为精神、食欲较差，产蛋率急剧下降，部分鸡出现死亡，传染迅速。

这种病的病理变化，因感染病毒株和鸡的种类不同而异。像低致病力禽流感，严重的病例可见气囊及鼻窦有干酪样渗出物；十二指肠、腺胃、肌胃角质层，小肠前段，泄殖腔可见程度不一的出血点；卵巢退化，卵泡变形出血和卵子破裂，输卵管发炎或充满白色脓样或豆腐渣样渗出物，严重的输卵管萎缩退化；产蛋鸡多见卵黄性腹膜炎；肾脏肿大，有尿酸盐沉积；肝脏有坏死灶；常见有纤维素性心包炎；幼禽感染后，很少迅速死亡，但肉眼病理变化明显。

最急性死亡的病例，无肉眼可见的病变就属于高致病力禽流感。病程稍长的可见体内许多器官都有充血和斑点状出血及水肿，其中以口腔黏膜、腺胃、肌胃角膜下、十二指肠、心外膜、心冠脂肪、胸肌等处最明显；肺常见灰黄色坏死灶，气囊、心包腔、输卵管、腹膜表面有灰黄色渗出物；心、肝、肾、脾、皮肤、肉锤、冠等处有黄色小坏死灶，肝还有麻雀蛋壳花斑样小出血点；头、颈、胸部水肿；卵黄破裂和泄殖腔出血等。

对于此种的防治，首先也是要从无禽流感地区的种鸡场进鸡和种蛋，提高鸡体抵抗力：0.1% ~ 0.2% 速补 - 14 饮水投喂。然后是加强预防措施，应尽量减少和避免野禽与家禽的接触，防止野禽进入禽场、禽舍和饲料贮存间内。注意保持水源的清洁卫生，保持舍内卫生。本场人员进出鸡舍要严格消毒，加强舍内消毒。

最后是接种疫苗对禽流感的预防有一定的作用，使用与本地流行病毒有同一抗原性的病毒灭活制成的疫苗，分别在2～4周龄，16～18周龄，40～45周龄接种3次。

本病目前尚无切实可行的治疗方法，应用抗生素治疗，可以减轻支原体和细菌性并发感染，对病鸡康复有积极作用。在实际生产中，一般采取对症治疗，抗病毒药（利巴韦林、病毒灵、百毒唑或抗病毒中草药）+抗生素（先锋类泰乐菌素、强力霉素、氟喹诺酮类等）+止咳平喘的药物，恢复期投服增蛋药物如乐多仙+水溶性电解多维。可以抑制病毒复制，控制呼吸道症状和继发感染，增强特异性抵抗力，恢复产蛋。

发病后应该及时对疫区严格封锁、隔离，病鸡扑杀焚烧，粪便、垫料做无害化处理，鸡场全面清扫、消毒，空舍至少3个月后才能进鸡。

第五节 鸡寄生虫病的防治

一、鸡绦虫病

寄生在鸡体内的绦虫常见的有赖利绦虫和戴文绦虫。戴文绦虫是寄生在鸡小肠里较小的一类绦虫。体长0.5~3.0毫米，由若干个节片构成。赖利绦虫是寄生在鸡小肠中较大的一类绦虫。体长10~25厘米，头节上有四个吸盘，有的有顶突，在吸盘边缘及顶突上有一定数量的小钩排列。

本病多发生于夏秋季节，近年来成年鸡发病较多，不同年龄的鸡均可感染本病，以17~40日龄的雏鸡最容易感染。绦虫主要寄生在鸡的小肠内，绦虫的头节伸入肠黏膜内，使肠黏膜受到严重损伤，引起黏膜出血和发炎，从而影响消化功能。寄生绦虫量多时，可使肠管堵塞，肠内容物通过受阻，造成肠管破裂和引起腹膜炎。

由于寄生虫种类及数量不同，病鸡症状各异。病鸡表现为下痢，粪便中有时混有血样黏液。轻度感染造成雏鸡发育受阻，成鸡产蛋量下降或停止。严重感染时，病鸡精神不振，食欲降低，渴欲增加，消瘦、贫血、下痢，四肢无力。最突出的症状为黑色粪便上有乳白色圆形虫卵，而且蠕动。

对死鸡或可疑鸡进行剖检，若发现小肠内有大量虫体，或对可疑鸡粪便用水洗沉淀法检查，发现节片，再将粪便过滤后涂片镜检。对于这种病的防治，首先要做到雏鸡与成年鸡应分开饲养。改善环境卫生，加强粪便管理，及时清除舍内鸡粪，并堆沤发酵，以杀死孕卵节片中的虫卵。清除鸡舍外污秽物，并用杀虫剂喷洒，消灭甲虫、蚂蚁等中间宿生。有计划地定期进行预防性驱虫。

二、鸡蛔虫病

它是禽蛔科，鸡蛔虫寄生于鸡肠道内所引起的一种线虫病。鸡蛔虫是寄生在鸡体内最大的一种线虫，虫体淡黄色，圆筒形，头端有三个唇片。雄虫长 58 ~62 毫米，最大宽度为 1.12 ~1.50 毫米。雌虫长 65 ~80 毫米，最大宽度为 1.46 ~1.50 毫米。虫卵呈深灰色，椭圆形，卵壳厚，新排出虫卵内含一个椭圆形胚细胞。

鸡蛔虫卵在外界环境中的发育与温度、阳光等自然因素密切相关。而虫卵的发育所需的温度界限为10 ~39℃之间。在适宜温度范围内，虫卵发育时间与温度的高低成正比例关系。侵袭性虫卵在潮湿的土壤中可存活 6 ~15 个月。蛔虫卵受阳光的照射极易死亡，但对化学药物有一定的抵抗力，在 5%甲醛溶液中仍可发育为侵袭性虫卵。

病多发生于 2 ~4 月龄的鸡，使鸡消瘦、贫血、拉痢，生长发育迟缓或停滞，甚至发生死亡。发病率、感染率都很高，特别是在雏鸡3～9月龄时，易感染鸡蛔虫，但随着年龄的增大，抗病能力的增强，此病也就对鸡本身不会造成危害。

鸡蛔虫为直接发育，受精后的雌虫在鸡的小肠内产卵，虫卵随粪便排出体外，落在潮湿的土壤上，在适当的温度下便开始发育，经一至两周发育为含感染性幼虫的虫卵，即感染性虫卵；被鸡吞食后，卵在鸡的消化道中孵出幼虫。经一周后，幼虫又发育为成虫；成虫主要寄生于鸡小肠中，感染严重时在嗉囊、肌胃、盲肠和直肠中亦有寄生；鸡食入感染性虫卵至蛔虫发育成熟共需50天左右。

鸡蛔虫的成虫和幼虫钻入肠黏膜时，损伤肠绒毛，破坏腺体分泌，引起肠黏膜出血、发炎和形成结节，引起鸡消化功能紊乱；成虫寄生于肠内时，其代谢产物能引起鸡体慢性中毒，使雏鸡生长发育受阻，母鸡产蛋率下降。鸡感染严重时，成虫大量聚集在肠管内，最终导致鸡死亡。

饱和盐水漂浮法检查粪便发现大量虫卵，或尸体剖检，在小肠甚至在腺胃和肌胃内发现有大量虫体可确诊。经常清洁禽舍，定期消毒，对鸡粪进行堆积发酵处理，杀灭虫卵。雏鸡与成年鸡分开饲养，避免互相感染。

第六节　鸡营养代谢性疾病的防治

一、缺少维生素 B

长期饲喂缺维生素 B_1 的饲料，或在饲料加热、碱处理时，破坏了维生素 B_1，或肠道吸收不良时，均可引起本病。鸡在缺少维生素 B_1 的情况下，食欲会减退，肢腿无力，成年鸡冠呈蓝色。外周神经麻痹或多发性神经炎的症状逐渐明显，腿麻痹，不能站立和走动，头向背后极度弯曲。为了补充维生素 B_1，可在饲料中添加维生素 B_1 制剂的同时，给有症状鸡肌注或皮下注射维生素 B_1 针剂。

有时候，在日粮中缺少富含维生素 B_2 的饲料及青饲料，或由于饲料被日光长久曝晒及碱性处理，使维生素 B_2 遭到破坏等，都可引起本症。多发生于幼雏，产蛋母鸡发生本症时，产蛋减少。可在日粮中添加酵母片或动物性饲料，或将维生素 B_2 制剂拌入日粮中饲喂，亦可用维生素 B_2 制剂内服和注射，坐骨神经损伤较重的病鸡治疗效果不够理想。

二、缺少维生素 D

维生素 D 的主要作用是促进肠黏膜对钙、磷的吸收，增加其在血液中的含量，同时具有抑制甲状旁腺，增加肾小管对磷的再吸收。鸡幼禽缺乏维生素D就会发生佝偻病；成年鸡会发生软骨症。

当日粮中维生素D含量不足，或鸡本身患有胃肠道消耗性疾病时，即可发生维生素D缺乏症。雏鸡在缺乏维生素D时，生长迟缓，步态不稳，常以关节伏地，发生以骨骼极软弱为特征的佝偻病。

改善饲养管理条件，补充维生素D；将病鸡置于光线充足、通风良好的鸡舍内；合理调配日粮，注意日粮中钙、磷比例，喂给含有充足维生素D的混合饲料。但也要适当地补充，因为过量的维生素D会引起雏鸡中毒。

三、缺少维生素E

维生素E的缺乏主要是发生在雏鸡，成鸡多不出现症状，母鸡照样产蛋，只是孵化率降低，公鸡的性功能降低。

维生素E在谷物饲料中含量较丰富，但由于饲料加工不当或保存、配制不当，常引起饲料中维生素E损失，导致维生素E缺乏症。此外，微量元素硒和含硫氨基酸的缺乏，也可以导致该病的发生。

多发生于2～4周龄的幼禽；成禽无明显症状，但其所产蛋的孵化率显著降低，常在孵化过程中胚胎死亡；公禽睾丸发生退行性变性，从而引起生殖机能减退。

雏鸡发生维生素E缺乏时，主要发生三个症候：脑软化症、渗出性素质和肌肉营养不良。

加强鸡的饲养管理，确保饲料中含有足量的维生素E、硒和含硫氨基酸；加强饲养管理，确保饲料中含有足量的维生素E、硒和含硫氨基酸在加倍添加维生素E的同时，饲料中添加微量元素硒。

四、缺少维生素A

维生素A缺乏症，是由于维生素A缺乏所引起的以生长发育不良、视觉障碍和器官黏膜损害为特征的营养代谢病。维生素A的生理功能非常广泛，主要是维持上皮组织的完整性，参与合成眼底感光物质，与免疫抗病密切相关。

维生素A的轻度缺乏，鸡的生长、产蛋、种蛋孵化率及抗病力等都会受到一定的影响，而且不会被察觉到。维生素A的严重缺乏，才会有明显的、典型的症状。维生素缺乏时，幼鸡一般在6～7周出现症状，种鸡出现症状则是在1周左右。

维生素A缺乏症的一个特征性病变是鸡的鼻、

口腔、咽及食道黏膜表面有一种白色小结节。有时结节融合形成一层灰白色假膜，覆盖在黏角表面。重病鸡或病死鸡，剖检可见口腔、咽部及食道黏膜上出现许多灰白色小结节，有时融合成片状并形成假膜。

根据各品种鸡的饲养标准，在饲料中添加足量的维生素 A，是防止本病发生最重要的环节。日粮中补充含维生素 A 和胡萝卜素饲料，如胡萝卜、三叶草、玉米、苜蓿和各种牧草等。全价配合饲料储存时间不能太久，以免饲料发生腐败、变质及氧化而破坏饲料中，包括维生素 A 在内的多种营养成分。

可以用生理盐水清洗病鸡眼内分泌物，对患有眼疾的病鸡用 2% ~3% 硼酸溶液进行点眼治疗，并增加饲料中多种维生素、抗生素的饲喂。只要眼部病变未到失明程度，大多数病鸡可以很快恢复健康。

五、缺少钙、磷

钙、磷的缺乏，不仅影响鸡骨骼的形成和成年母鸡蛋壳的形成，而且影响家禽的血液凝固，酸碱平衡，神经和肌肉等正常功能。这种营养性疾病于成年鸡称为“软骨病”，于雏鸡称为“佝偻病”。

饲料中钙、磷缺乏或比例失调，是骨营养不良的主要原因。本病除钙、磷缺乏及比例失调因素外，维生素 D 不足，日粮中蛋白质过高，或脂肪过多，植酸盐过多，以及环境温度过高，运动少，日照不足等管理不当，都可能成为致病因素。

骨软化症及骨质疏松症，主要发生于成鸡，表现为发育不良，食欲不振，骨松软变形，关节粗大，骨易折。重的成鸡，两腿疼痛，不能站立，多数伏卧；雏鸡两胫弯曲呈弧形。蛋鸡产软壳、薄壳蛋，破损率高，产蛋少甚至停产。

因此，在日常生活中，要保证日粮中钙、磷的供应量，调整好钙、磷比例；给予鸡群充足的日光照射，日照不足的可用电灯光照代替；要注意补充维生素 D 或鱼肝油，以促进鸡体对钙、磷的吸收；

对病鸡加喂鱼肝油，或补充维生素 D；严重者可以肌注维生素胶性钙注射液。

第七节　鸡病毒性疾病的防治

一、鸡痘

鸡痘，是由禽痘病毒引起的鸡的一种高度接触性传染病。其特征表现为皮肤或口腔和喉部黏膜发生痘疹。

（一）病原学

鸡痘病毒是孢疹病毒，可感染家禽和鸟类等，成熟的病毒粒子呈砖型，大小为 250 × 354 纳米，蛋白质 DNA 和脂质病毒是主要的成分，基因组为线状双股 DNA。

在干燥的结痂皮内能存活数月或数年，阳光照射数周，鸡痘病毒仍可保持活力，甚至在 -15℃ 的低温下，即使保存多年，仍有致病性。病毒对乙醚有抵抗力，在 1% 的酚或 1∶1000 福尔马林中，可存活 9 天，1% 氢氧化钾溶液可使其灭活。50℃ 的温度持续 30 分钟或 60℃ 的温度持续 8 分钟，即可被灭活。在腐败环境中，病毒很快死亡。

（二）流行特点

（1）发病率：各种年龄、性别和品种的鸡都能受到感染，雏鸡和育成鸡多发且较严重；雏鸡死亡多，育成鸡患了鸡痘病会影响生长。本病一年四季中都可能发生，秋、冬两季最易流行，一般在秋季和冬季初发生皮肤型鸡痘较多，在冬季则以黏膜型（白喉型）鸡痘为多。

（2）传染源：病鸡是主要的传染来源，病鸡脱落和破散的痘痂，是散布病毒主要形式。

（3）传播途径：它主要通过皮肤或黏膜的伤口感染，不能经健康皮肤感染，亦不能经口感染。健康鸡与病鸡接触，互啄，打斗抓破皮肤而引起发病。吸血昆虫在传播本病中，起着重要的作用。

（三）症状

潜伏期4～10天，根据病鸡的症状和病变，临床上可分为皮肤型、黏膜型及两种混合型三类。

（1）皮肤型：皮肤型鸡痘的特征是在身体无毛或毛稀少的部分，特别是在鸡冠、肉髯、眼睑和喙角，亦可出现在泄殖腔的周围、翼下、腹部及腿等处，产生一种灰白色的小结节，渐次成为带红色的小丘疹，很快增大如绿豆大痘疹，呈黄色或灰黄色，凹凸不平，呈干硬结节。有时和邻近的痘疹互相融合，形成干燥、粗糙呈棕褐色的较大疣状结节，突出皮肤表面。痂皮可以存留 3 至 4 周之久，以后逐渐脱落，留下一个平滑的灰白色疤痕。由于体温升高，影响采食量和产蛋率，产蛋鸡产蛋量显著减少或完全停产。

（2）黏膜型（白喉型）：此型鸡痘的病变主要在口腔、咽喉和眼等黏膜表面。在口腔、食道或气管黏膜表层出现急性炎症，并形成白色不透明的纤维蛋白状奶酪样坏死痂膜。及时拨去痂膜，可见到出血糜烂性炎症。若痂膜增大可堵塞咽喉，严重者可堵塞咽喉和食道，致呼吸困难而憋死或吞咽困难而饿死。

此型鸡痘多发生于小鸡和中鸡，死亡率高，小鸡死亡可达 50%。有些严重病鸡，鼻和眼部也受到侵害，产生所谓眼鼻型的鸡痘。先是眼结膜发炎，眼和鼻孔中流出水样分泌物。以后变成淡黄色浓稠的脓液。时间稍长者，由于眶下窦有炎性渗出物蓄积，因而病鸡的眼部肿胀，结膜充满脓性或纤维素性渗出物，可以挤出一种干酪样的凝固物质，甚至引起角膜炎而失明。

（3）混合型：具有皮肤型和黏膜型两种特征，病情严重，死亡率高。

（四）诊断

（1）根据发病情况，病鸡的冠、肉髯和其它无毛部分的结痂病灶，以及口腔和咽喉部的白喉样假膜也可作出初步诊断。

（2）确诊则有赖于实验室诊断，如鸡胚接种，分离病毒；接种易感鸡，出现痘肿；或进行血清学检查。

（五）防治措施

1. 免疫预防

（1）平时应加强饲养管理，认真执行环境卫生消毒制度，提高鸡的抵抗力是防病的重要手段。

（2）发病季节，注意驱除传播本病的蚊等吸血昆虫，加强卫生消毒。

（3）做好定期预防接种，接种方法为翅内皮肤刺种，一般在20~30日龄和开产前各接种1次，鸡群可得到较好地保护。

（4）鸡源苗，毒性比较强，适用于5周日龄大的鸡，鸡源毒苗比较弱，适用于雏鸡的首免。

2. 治疗

鸡群一旦发生鸡痘，在加强饲养管理，做好环境消毒的基础上，隔离病鸡，对病鸡进行对症治疗。对皮肤型鸡痘，可在病变部皮肤涂碘酊、红汞水或紫药水。对白喉型鸡痘，可用镊子将口腔黏膜的假膜剥掉，用0.1%高锰酸钾洗后，涂碘甘油或氯霉素。投服抗生素防止继发感染，补充电解质多维素养，使病鸡尽快康复。对鸡群立即作紧急接种，注意带鸡消毒和驱杀蚊虫。

二、鸡传染性法氏囊病

本病是由传染性法氏囊病毒引起的一种鸡的急性、接触性、免疫抑制性传染病，因该病在1957年首次确诊于美国东海岸特拉华州的甘保罗镇，因此，又称之为“甘保罗病”。由于其侵害的法氏囊是中枢免疫器官，常造成急性爆发性死亡，损失严重、其耐过者和治愈者，以及非典型症状者，又能造成机体不同程度免疫抑制，使鸡群生长发育受阻。

（一）病原学

传染性法氏囊病毒，划归于呼肠孤病毒亚群，属于双RNA病毒科，禽双RNA病毒属，法氏囊病毒粒子为二十面立体对称的球形，直径55～65纳米，无囊膜，单层核衣壳。病毒能在鸡胚中生长繁殖，使鸡胚致病。又能在鸡胚成纤维细胞中培养繁殖，产生细胞致病作用。

病毒抵抗力强，能耐受乙醚、氯仿、高温及胰酶的处理，对紫外线有抵抗力，耐酸但不耐碱。1%石炭酸、甲醇、福尔马林或70%酒精处理1小时可杀死病毒，3%石炭酸、甲酚或0.1%汞溶液处理30分钟也可灭活病毒，0.5%氯化铵作用10分钟能杀死病毒。法氏囊病毒有2个血清型，Ⅰ型法氏囊病毒对鸡有致病力，Ⅱ型病毒对鸡没有致病力。近年研究表明，Ⅰ型病毒存在变异株和超强毒株，能突破传统疫苗的保护。

（二）流行特点

（1）发病率：一年四季均可发生，特别是蚊蝇较多的季节为高发期，即每年的6～9月份。发病率一般为1%～30%，死亡率约为20%。饲养管理条件差、流行时鸡的年龄愈小，则发病率与死亡率愈高。

以往的鸡传染性法氏囊病一般2～15周龄的鸡较易感染，现在发病日龄明显变长，第一次免疫之后和第二次免疫之前仍然是发病最集中的时期。但近年来，传染性法氏囊病发病日龄有增宽的趋势，最早在3日龄发病，最长可延长到200日龄的产蛋鸡。

本病的发生常以死亡病例突然开始，在4～5天的急性期之后，继之持续3～4天的消减期。流行多持续5～9天，平均7.5天。死亡率在头几天内急剧升高，第4天后又迅速下降，呈尖峰式死亡曲线，这是该病重要特征。

（2）传染源：病鸡、带毒鸡为主要传染源。

宿主范围扩大，过去一直认为，鸡是鸡传染性法氏囊病病毒的唯一自然宿主，但最近研究表明，麻雀、鸭、鹅均可自然感染法氏囊病毒，成为病毒的携带者。

（3）传播途径：病毒通过直接接触或者通过带毒的中间媒介物（如饲料、饮水、垫料、尘土、粪便、鸡舍各种饲养器具及人员、昆虫等）散播。

从鸡舍采集到的小粉甲虫中分离到法氏囊病毒，说明其可能充当生物学和机械的传播媒介。夏秋季昆虫也增加了该病的传播。

（三）表现特征

1．症状

病鸡主要表现为采食量下降，饮水增加；大群精神沉郁，部分病鸡靠墙呆立、闭目、缩颈或卧地不动；排微黄色或白色带泡沫稀粪；严重脱水。

2．病理变化

法氏囊在感染的初期，会出现充血、水肿和肿胀的症状。感染后的2～3天，其体积会达到正常的2倍左右。法氏囊变成圆形，伴随着的是浆膜覆盖有淡黄色胶冻样渗出物出现，表面的纵行条纹变得明显许多，法氏囊呈现出奶油黄色。如果病症加重，法氏囊即出血，呈紫黑色。切开后，可以看到其黏膜皱褶有出血点或出血斑，腔中有脓性分泌物。感染5天后，法氏囊开始逐渐缩小。第8天时，法氏囊仅为正常的1/3左右。此时的法氏囊质地硬化，颜色深灰，内有干酪样物。

病死鸡脱水，皮下干燥，胸肌和两腿外侧肌肉出血，呈现涂刷状。肾脏中由于含有尿酸盐而苍白肿胀，呈“花斑肾”；肝表面呈黄色或红黄相间的条纹。

（四）诊断

（1）在完全易感的鸡群中，急性爆发时，依据发病率高，临床症状的发生与复原的短促性（5～7天），尖峰式的死亡曲线，特征性病变及流行病学特点等，可对本病做出初步诊断。必要时可做病毒的分离、培养、鉴定和血清学诊断。

（2）诊断要点

1）典型的法氏囊病发病率较高，一般可达30%～80%，病程短，呈尖峰死亡曲线，病死率一般为20%～30%，高者达50%～80%，症状消失快，病程一般一周左右，于感染后第3天开始出现死亡，4～6天达高峰，8～9天即停息。

2）病鸡排白色水样稀粪或稍黏稠的白色粪便，肛门周围的羽毛常被污染，进而出现脱水，偶尔可见回头啄肛现象。

3）病鸡精神沉郁，羽毛松乱，颤栗，两翅下垂，闭目无神，最后极度衰竭而死。

4）病理剖解可见法氏囊肿大，外观呈胶冻样，剖检大多可见点状出血或出血斑，严重者法氏囊内充满血块，呈紫红色。病程稍长的法氏囊萎缩，呈灰黑色，有的法氏囊内有干枯样坏死物。病鸡腿肌、胸肌有条状出血，腺胃和肌胃交界处也有条纹状出血。肾肿大，呈花斑状，输尿管内有尿酸盐沉积。

（五）鉴别诊断

（1）鸡新城疫：临床症状主要表现为呼吸困难，发出“咯咯”的喘鸣声，口角流出黏液，常作甩头和吞咽动作，排黄绿色或黄白色稀粪，后期出现神经症状，翅、腿麻痹。剖检可见腺胃出血，盲肠、扁桃体、法氏囊也有出血、坏死现象，但新城疫死亡率高，肠道有溃疡，而传染性法氏囊病没有呼吸道和神经症状等，并且在鸡群中流行时间也较新城疫短。这是二者最明显的区别。

（2）鸡住白细胞原虫病：主要发生产蛋鸡群，除胸、腿部肌肉出血外，肌肉上有白色小结节，肝脏出血，嗉囊内有血液，血液检查可见到繁殖体或配子体，鸡冠苍白。大便稀薄带绿色，口流带血黏液，多在发病后 2 ~ 3 周大批死亡，而法氏囊病死亡高峰是在发病后 3 ~ 6 天。这是二者最主要的区别。

（3）磺胺类药物中毒：胸、腿部肌肉出血，肾苍白肿大，有磺胺结晶，有使用磺胺类药物的历史，停喂磺胺药物后病情可好转和停息。

（4）马立克氏病和淋巴白血病：患这两种病时

法氏囊也可能肿大或缩小，但还有典型的神经症状和病变，剖检时可见内脏器官的肿瘤结节。

（5）肾型传染性支气管炎：主要注意肾脏病变方面的区别。

（六）防止措施

1. 免疫预防

（1）实行全进全出制，进行彻底消毒，尽可能消灭环境中的病原菌是控制该病的关键。每养一批鸡后，首先清除鸡粪，用水冲洗干净，再用2%的烧碱液喷洒消毒，最后用甲醛熏蒸消毒，密闭鸡舍至少一周时间。一切用具设备都必须彻底消毒后方可进鸡。所用消毒药以氯制剂、福尔马林和强碱消毒药效果较好，而不宜选用季胺盐类消毒药。因季胺盐类消毒药为表面活性剂，对无囊膜的传染性法氏囊病毒杀灭作用很差。

（2）该病免疫程序的制订，应根据当地本病的流行特点、饲养条件、鸡群类型以及鸡的母源抗体水平来考虑。确定首免日龄是尤为关键的。

（3）如果商品肉鸡没有母源抗体，可在雏鸡1日龄时，使用传染性法氏囊病弱毒疫苗进行首免，二免时用等毒力苗。在严重污染区、本病高发区的雏鸡可直接选用中等毒力疫苗。

（4）有母源抗体的雏鸡，14日龄左右首免前，可用抗法氏囊病中药拌料或饮水3天或用利巴韦林加抗生素饮水3天，以保证首免成功。

2. 发病处理

（1）鸡群一旦发病，经确诊后，可根据情况确定是否打针，以免引起爆发性死亡。

（2）改善饲养管理，在饮水中加入口服补液盐，减少各种应激，进行带鸡消毒。

（3）对病鸡或发病鸡群选择效价高、质量可靠的卵黄抗体或高免血清进行注射，同时饮水中加入抗菌素防止继发感染。

（4）病死鸡一定要深埋、焚烧等进行无害化处理，严禁乱扔或出售，以防疫情扩散。雏鸡舍和患过本病的鸡舍应进行严格彻底地消毒。

3. 治疗

（1）每只发病鸡注射法氏囊优质高免卵黄抗体液 1～1.5 毫升，对发病初期的鸡群疗效显著。但该品对法氏囊发病鸡群的治疗一般只能维持 10 天左右，因此，在治疗后 10 天，还应对鸡使用活苗接种，使鸡产生主动免疫。

（2）对亚临床症状的发病鸡群，用囊痘灵或板蓝根拌料，均可取得较好的效果。但治愈 7～10 天后，还要免疫 1 次。

（3）喂以肾肿解毒药、电解多维或速补恩诺沙星或氧氟沙星、环丙沙星等药以提高机体抵抗力，可消除肾肿及腹泻症状。

（4）在鸡群彻底康复后，再补充鸡群营养的同时，重新用中等毒力疫苗进行免疫。

第二章　鸭病的防治

第一节　鸭病毒性肝炎

鸭病毒性肝炎是一种在小鸭中传播迅速，并能高度致死的病毒性传染病。其特征是病程短促，临床诊断表现为角弓反张，病变主要为肝脏肿大并有出血斑点。

（一）病原

病原为鸭肝炎病毒。病毒大小为 20～40nm，属于小核糖核酸病毒科，肠道病毒属。该病毒不凝集禽和哺乳动物红细胞。病毒共包含 3 个血清型，即 I、II、III 型，有明显差异，各类型之间无交叉免疫性。此病毒不能与人和狗的病毒性肝炎康复血清发生中和反应，与鸭乙型肝炎病毒也没有亲缘关系。

此病毒对外界的抵抗力很强，对氯仿、乙醚、胰蛋白酶和 pH3. 0 都有抵抗力，在 56℃条件下加热 60 分钟后仍可存活，但加热至 62℃，30 分钟即可灭活，在 37℃中能抵抗 0. 1% 福尔马林作用 8 小时和2%来苏儿作用1小时，病毒在1%福尔马林或2%氢氧化钠中2小时（15～20℃），在2%的漂白粉溶液中浸泡3小时，5%酚、碘制剂均可杀死病毒。

在自然状态下，病毒可在阴湿处的粪便中存活37天以上，可在污染的孵化器育雏室中存活10周，在4℃情况下存活2年以上，在－20℃下则可存活长达9年。

病毒能在9日龄鸡胚尿囊腔中繁殖，30%左右的鸡胚在接种后5～6天死亡，表现发育不良或出血水肿。病毒在鸡胚上连续传代20～26代后，对新孵出的雏鸭失去致病力。此种鸡胚适应毒在鸭胚成纤维细胞上培养，可产生细胞病变。鸭胚肝或肾原代细胞可用来培养鸭肝炎病毒。

（二）流行病学情况

1．自然状态下，此病的发生对象多为3周龄以下雏鸭，成年鸭会感染但不发病，可通过粪便排毒，污染环境并感染小鸭。人工感染1日龄和1周龄的雏火鸡、雏鹅，能够产生本病的症状，病理变化和血清中和抗体，并从雏火鸡肝脏中分离到病毒。

2. 传播途径

（1）此病主要通过与病鸭接触或被病鸭污染的人员、饲料、饮水、工具、垫料等进行传播，经消化道和呼吸道而感染。

（2）鸭舍中的鼠类可能散播本病毒，野生水禽也可能成为带毒者，病愈鸭仍可通过粪便排毒1～2个月。尚无证据表明，本病毒可经蛋传递。在出雏机内感染本病毒，可使雏鸭在出壳后24小时内就发生死亡。

（3）在野外和鸭舍里，此病可迅速传递给鸭群中的全部易感小鸭，具有极强传染性。

（4）本病一年四季均可发生，如果饲养管理不当，鸭舍内温度过高，鸭体散热不好，密度太大，卫生条件差，缺乏维生素和矿物质，都能促使本病的发生。

（三）症状与病变

1. 症状

本病的潜伏期短，仅为1～2天。并且病状来得十分突然，雏鸭可能马上发病。主要表现为：开始时病鸭精神萎靡，眼睛半闭，打瞌睡，缩颈、翅膀下垂，不能随群走动；发病半日到 1 日，发生全身性抽搐，身体倒向一侧，两脚痉挛性反复踢蹬，约十几分钟即死亡。头向后背，呈角弓反张姿态，俗称“背脖病”。喙端和爪尖瘀血呈暗紫色，少数病鸭死亡前排黄白色和绿色稀粪。

本病的死亡率因年龄的不同而有较大差异，1 周龄内雏鸭的病死率可达 95%，2～3 周龄的雏鸭病死率不到 30%～70%，4 周龄以上的雏鸭发病率和死亡率都很低。

2. 病变

病变主要部位在肝脏。可见胆囊肿胀，充满胆汁，胆汁呈褐色，淡黄或淡绿色。肝脏肿大，质地柔软，呈淡红色，外观呈斑驳状，表面有出血点或出血斑。脾脏有时肿大，外观也呈斑驳状，多数病鸭的肾脏发生充血和肿胀，其他器官没有明显变化。

病变的特点是肝组织的炎症变化，急性病例表现为肝细胞坏死，其间有大量红细胞；慢性病变表现为广泛性胆管增生，不同程度的炎性细胞反应和出血，脾组织呈退行性变性坏死。

（四）诊断

1. 初诊

本病可根据以下特点作出初步诊断：发病急，传播迅速，病程短；3 周龄内死亡率高，成年鸭不发病；病鸭有明显的神经症状；病变主要表现为肝脏出血和变性。

2. 确诊方法

（1）可利用直接荧光技术，在自然病例或接种鸭胚的肝脏进行快速准确诊断。

（2）可用病毒分离物接种 1～7 日龄的敏感雏鸭，复制出该病的典型症状与病变，然后接种同 1 日龄的具有鸭病毒性肝炎母源抗体的雏鸭，有 80%～100% 的保护率即可确诊。

（3）病毒的鉴定还可通过进一步做血清中和试验，琼脂扩散试验，对流免疫电泳试验及酶联免疫吸附试验。

（4）将病鸭肝细胞悬液或血液无菌处理后，接种 9 日龄的鸡胚，根据所出现的鸡胚特征性病变也可确诊。

（五）防治

应避免从疫区或疫场购入带毒雏鸭。实施严格的防疫和消毒是预防本病的积极措施，有效防止疾病传入和扩散，实行自繁自养和全进全出的饲养管理制度，

定期对鸭场的环境、用具进行预防消毒。

由于在疫区仅靠消毒措施难以保证不发病，在加上本病毒抵抗力较强，因此最有效的预防措施就是提高免疫力。可用鸡胚化鸭肝炎病毒疫苗免疫种母鸭，每只1毫升，隔两周再做一次，共二次。这些母鸭的抗体可维持6个月以上，其后代母源抗体可保持2周左右，保护雏鸭渡过最易感染的危险期。

但是，如果环境卫生条件差并且疫情较重的鸭场，仅靠母体免疫是远远不够的。进行鸭肝炎疫苗的主动免疫，需在10日龄左右时，使用免疫母鸭的蛋黄匀浆进行被动免疫。在没有母源抗体保护的雏鸭的基础条件下，在疫情严重的鸭场，必须在1日龄注射鸭病毒性肝炎的卵黄抗体或高免血清0.5~1.0毫升，10日龄左右再重复一次；在疫情不严重的鸭场，可在1日龄注射肝炎弱毒疫苗0.5~0.8毫升即可。如果病鸭尚处在发病的初期，应及时注射鸭病毒性肝炎高免卵黄抗体或血清，每只1.0~1.5毫升，此方法对大部分病鸭都有治愈作用，对中度病鸭也有一定的疗效。目前，还没有其他有效药物防治本病。

第二节　鸭冠状病毒性肠炎

鸭冠状病毒性肠炎，俗称烂嘴壳，是由鸭冠状病毒引起的鸭的病毒性传染病。

（一）病原

鸭冠状病毒性肠炎的病原主要随传染源的排泄物向外界排出，以水平的方式传播。

（二）流行病学情况

20 日龄前后的鸭发病率最高，甚至凶猛爆发流行。开始为少数鸭发病，1 ~ 2 天后出现死亡高峰。发病率和死亡率几乎 100%。

（三）症状与病变

发病急，病雏缩头凸背，畏寒，眼半闭。眼有黏液性分泌物，有的表现出神经症状。症状开始时是排出稀粪，进而腹泻，粪呈白色或黄绿色。头向后弯曲，呈仰望状，两脚后蹬、直伸，稍加驱逐可致死亡。喙壳由黄变紫，喙上皮脱落破溃。

病鸭在病期，咽喉黏膜呈卡他性炎症。黏膜易脱落，整个肠管充血、水肿，尤以十二肠为严重。十二指肠及肠系膜出血，外观呈紫红色，内有血性黏液，黏膜脱落，并形成溃疡。盲肠、盲端黏膜有白色附着物。

（四）防治

目前，对本病尚无特效治疗药物。可在种鸭产蛋前，首先建立免疫，使雏鸭出壳时即具有母源抗体，到10日龄时再给予高免抗体。此方法对预防本病有明显效果。

第三节　鸭葡萄球菌病

鸭葡萄球菌病是由金黄色葡萄球菌引起鸭等多种家禽感染的一种环境传染病。主要表现为败血症、脐炎、关节炎等。此病是鸭场的一种常见的细菌性疾病，但往往可以造成很大的经济损失。

（一）病原

鸭葡萄球菌病的病原为金黄色葡萄球菌，革兰氏染色呈阳性。该菌对外界有较强的抵抗力，在60℃的状态下，需要30分钟才能将其杀死，在干燥的血、脓中能生存数月。常用消毒药以3%～5%石碳酸杀菌效果最好。

（二）流行病学情况

1. 易感环境

广泛存在于自然界、鸭舍和周围环境中。各种日龄的鸭都有感染发病的可能性，但以幼鸭居多。

2. 传播途径

本病主要是通过创伤感染，也可通过污染种蛋表面传播，还可通过直接接触和空气传播。幼雏的发病多与垫料有关，如污秽不洁或粗糙过硬，都可能造成皮肤损伤而导致感染。鸭舍潮湿，通风条件不好，环境卫生差，饲养密度大等因素都可促使本病发生。

（三）症状与病变

1. 症状

本病临床主要表现为四种类型：

（1）皮肤型：发生对象多为 2～10 周龄鸭。病鸭因皮肤破损而发生局部感染，会出现皮下水肿，有炎性物质渗出。幼鸭容易发生急死，青年鸭则常为化脓灶或坏死灶变化。

（2）脐炎型：本菌是造成幼雏脐炎的常见菌之一，症状同于其他脐炎。雏鸭出壳时，由脐孔感染或由蛋壳感染，与沙门氏菌，大肠杆菌引起的脐炎症状相似。病鸭出现脐部肿大、局部呈黄红、紫黑色，质稍硬，内有分泌物，脐炎病鸭会在出壳后2～5天死亡。病死率高，一般为 100%，出现“大肚脐”后的死雏应立即烧掉。

（3）败血型：发生对象多为 2 周龄内雏鸭，也可见于成年鸭，雏鸭常从皮肤型疾病发展而来，呈急性败血症死亡；成鸭无明显临床症状，有时见腹部增大，病程一般为 2 ~6 天。

（4）关节炎型：发生对象多为 1 ~2 周龄幼鸭，有时也可能发生在青年鸭、成年鸭身上。关节型病鸭主要表现为趾关节和跗关节肿大，触碰它有热痛和波动感，跛行，行动不便，取食困难，逐渐消瘦衰竭并至死亡。

2. 病变

（1）皮肤型幼鸭的病变，可见皮下水肿，炎性渗出，脾、肝肿大，肠黏膜卡他性炎症。

（2）死于脐炎型的鸭的病变为脐部和卵黄囊的炎性肿胀，腹部膨大，卵黄吸收不良。

（3）败血型雏鸭的病变，可见心冠脂肪有出血点，肝、脾肿大充血，肠黏膜轻度充血、出血；病死种鸭则为心外膜有出血点，腹腔有腹水和纤维素性渗出，肝、肾轻度肿大，泄殖腔黏膜有时有出血溃疡和坏死。

（4）患有关节炎型的病鸭，可见关节肿胀，关节囊内有干酪样或脓样物。

（四）诊断

根据症状、剖检变化，可初步怀疑为鸭葡萄球菌病。经病原学检查，确定为葡萄菌即可确诊。

（五）防治

1．预防鸭葡萄球菌病的措施

（1）保持鸭舍的清洁、干燥，垫料的柔软，定期全方位消毒，包括对种蛋的消毒。

（2）使用药物防治，如环丙沙星、氟哌酸、庆大霉素等多种药物均有效，但最好做药敏试验，否则对某些患有重症鸭的治疗会加倍严重。在病症高发的鸭场，可考虑使用疫苗，如种鸭于开产前2周左右接种鸭葡萄球菌油佐剂疫苗，便可大大地降低此病发生。

第四节　鸭禽霍乱

鸭禽霍乱，又称禽巴氏杆菌病，是鸭、鹅、鸡等家禽共患的一种急性败血性传染病。

（一）病原

此病的病原为多杀性巴氏杆菌，该菌为革兰氏阴性杆菌，分A、B、D、E四种荚膜血清型，对禽致病的为A型，D型则少见。该菌对一般消毒药物抵抗力不强，1%～2%漂白粉溶液、5%石灰乳或3%～5%来苏儿在数分钟内很快将其杀死。

（二）流行病学情况

1．本病为畜禽体内常在菌，也称条件致病菌。既可因外源感染，也可因机体抵抗力减弱而发生内源性感染，常呈散发或地方性状流行。鸭、鸡、鹅、鸽等各种家禽均易感染，各日龄和各品种的鸭均易感染本病，其中产蛋鸭最容易感染。鸭的感染常呈急性状态，鸭群发病多呈流行性。外源性感染时，病鸭及其他病禽是本病的主要传染源，也会因长途运输、断水断粮等应激因素使鸭抵抗力降低，发生内源性感染。

2．传播途径

（1）主要通过消化道和呼吸道；

（2）病禽污染的饮水、饲料、垫料、工具及飞沫等，也是本病的传播媒介；

（3）猫、狗、飞禽和野生动物及人都能带菌，苍蝇、蜱、螨等昆虫也是本病传播来源。本病流行无明显季节性，一般鸭霍乱的发生多在炎热的7~9月份。

（三）症状与病变

1．症状：此病潜伏期为2~9天，分为最急性、急性、慢性三种类型。

最急性型常发生于本病流行初期，病鸭通常不见任何症状而突然死亡。症状表现为：

（1）病鸭精神萎靡，不愿下水，呆立，食欲减退或废绝，体温升高至42.5～43℃。口和鼻腔有浆液或黏液流出，呼吸困难，张口伸颈，常摇摆头，欲将黏液甩出，俗称“摇头瘟”；

（2）病鸭腹泻剧烈，排绿色或白色粪便，有时血痢，具有腥臭味；

（3）病鸭往往发生瘫痪，不能行走，喙和蹼发紫；

（4）病程一般为1～2天。慢性型常从急性转化而来，表现为关节炎、脚掌肿胀。

2. 病变

（1）急性病主要是败血症的变化，心冠脂肪上、心耳及心内外膜上有出血点；脾肿大，出现散在的坏死灶；胆囊肿大、充盈；肠，尤其是十二指肠出现严重出血或卡他性炎症；胰腺肿大、出血；肝稍肿大，质脆，本病的特征性变化是表面密布针尖大灰白色坏死灶和出血点；肌胃角质膜下出血；皮肤、皮下组织、腹膜等都有不同程度的出血。

（2）慢性关节炎病变主要是关节面粗糙，附有黄色干酪样物质或红色纤维组织；关节囊增厚，内含暗红色、混浊的黏稠液体；也有肝脏脂肪变性和局部坏死。

（四）诊断

根据典型的临床症状和剖检变化，结合流行病学特点可作出初步诊断。取出病变组织来直接涂片染色，发现多量的两极浓染的巴氏杆菌即可确诊。必要时可用小白鼠进行实验性感染。

（五）防治

1. 免疫接种，有禽霍乱灭活苗、弱毒苗等，可考虑肉用型鸭 20～30 日龄免疫 1 次；蛋用型鸭 20～30 日龄免疫 1 次，开产前半个月第二次免疫，开产后每半年免疫 1 次。

2. 药物治疗：氟哌酸、青霉素、链霉素、金霉素、土霉素等多种药物均对本病有良好的治疗和预防作用，可据药品说明书使用。

3. 加强卫生管理，减少应激，可有效地预防禽霍乱。

第五节　鸭流感

鸭流感，即鸭流行性感冒，是由于 A 型流感病毒感染而引起轻度呼吸道症状的一种疾病，继发细菌感染是致死的重要因素。单纯的鸭流感死亡率并不高，或无死亡。由于鸭本身常是带毒者，有可能成为人类流感病毒的来源，所以防鸭流感对人类健康本身也百利而无一害。

（一）病原

鸭流感的病原体是正黏病毒群的 A 型禽流感病毒。对多种动物的红细胞有凝集作用，适合在鸭胚中培养生长，还可以在肠道和泄殖腔黏膜上皮细胞内大量增殖，并从粪便中排出，污染环境。不同毒株的病毒，对鸭的致病力也不同。

（二）流行病学情况

1．一般通过口感染。2 ~ 6 周龄的雏鸭易感染，发病率和死亡率也与病毒株的强弱有关，也与其他继发病有关。

2．传播途径

病鸭和带毒鸭是主要传染媒介，在它们排出的粪便中含毒量较高，很容易污染饲料、水塘和湖泊。

（三）症状及病变

1．症状

鸭流感的潜伏期变化很大，长的可达数天，短的只有几小时。这主要取决于毒株的强弱、感染剂量、感染途径和有无并发症等。通常在病初的时候会打喷嚏，鼻腔内有黏液性或浆液性分泌液，鼻孔经常堵塞，呼吸困难，常有摆头、张口喘息症状，一侧或两侧眶下窦肿胀。有些雏鸭感染后，虽然不会出现明显的症状，但是会突然死亡，但多数病鸭会出现呼吸道症状。慢性病例会出现羽毛松乱，消瘦、生长发育缓慢。

2. 病变

鸭流感的主要病变是鼻腔黏膜发炎，在鼻腔和眶下窦中，充有浆液或黏液，有的病例则呈干枯样。鼻咽部和气管黏膜充血，气囊混浊、水肿，或有纤维素性炎症。

（四）诊断

当鸭群中突然出现鼻炎、窦炎等呼吸道炎症时，就应考虑到鸭流感的发生。但单从上述临床症状来看，很难把它与其他出现呼吸道症状的疾病相鉴别。因此，必须依靠实验室诊断进行确诊。

（五）防治

1. 要对疫区进行严格管理，不从疫区引进种蛋或鸭子。日常生活中加强饲养管理，坚持做好防疫消毒工作，特别做好雏鸭的防寒保暖，增强鸭群的机体抗病力，预防此病发生。

2. 一旦疫情发生，要立即上报，并在动物防疫监督机构的指导下，按法定要求采取封锁、隔离、焚尸、消毒等综合措施扑灭疫情。消毒时，可用5%甲酚、4%氢氧化钠、或0.2%过氧乙酸等消毒药液。对疫区或威胁区内的健康鸭群或疑似的感染群，应使用农业部指定的禽流感灭活苗紧急接种。

第六节　鸭大肠杆菌病

鸭大肠杆菌病是指由致病性大肠杆菌引起的全身或局部感染性疾病，主要有大肠杆菌败血症、腹膜炎、生殖道感染、脐炎、输卵管炎、气囊炎、蜂窝质炎等。

（一）病原

病源为大肠埃希氏杆菌，革兰氏染色阴性，可在麦康凯琼脂上生长，形成红色菌落。该菌对外界环境的抵抗力不强，常用消毒药很容易将其杀灭。

（二）流行病学情况

1. 各种日龄的鸭都可感染发病，通常以2～6周龄多见。本病一年四季均可发生，北方在寒冷的冬春季节发病率高。成年鸭和种鸭主要为零星发病死亡，商品肉鸭病死率可达50%左右。

2. 传播途径

本病的主要传染源是病鸭和带菌鸭，感染途径主要是呼吸道和消化道，还可通过种蛋表面污染、伤口、生殖道等途径传播。被该菌污染的饲料、饮水、工具、灰尘等均是传播媒介。

（三）症状与病变

1. 症状

（1）脐炎型及卵黄囊炎发生在新出壳鸭，主要表现为脐部肿大发炎，卵黄不吸收，腹部膨大，多在几日内死亡；

（2）关节炎型，多见于7～10日龄雏鸭，一侧或两侧跗关节肿胀，跛行，食欲不振，常在3～5天内死亡；

（3）败血型多见于1～2周龄幼鸭，常突然死亡。病鸭的精神萎靡，食欲下降，渴欲增加，羽毛蓬松，缩颈闭眼，腹泻，喜卧，有的出现呼吸道症状，眼鼻常有分泌物，病程一般是1～2天；

（4）眼炎型多见于1～2周龄雏鸭，结膜发炎，流泪，有的为角膜混浊，眼有脓性分泌物，可粘连上下眼睑；

（5）浆膜炎型，常见于2～6周龄肉鸭雏，精神食欲均不佳，气喘，甩头，眼和鼻腔有浆液或黏液性分泌物，缩颈闭眼，嗜睡，部分有腹部膨大下垂症状，病程为2～7天；

（6）脑炎型，呈现神经症状；肉芽肿型，表现出逐渐消瘦、腹泻；生殖器皮炎型等。

2. 病变

（1）病变随各类型的不同而有差异，较典型的病变有肝周炎、心包炎和气囊炎。肝脏逐渐肿大，呈现出青铜色或土黄色，浆膜上有一层纤维素膜覆盖，有时出现散在的坏死灶或出血点；心包粘连，心包囊内充满纤维素性渗出物；气囊壁增厚、浑浊，表面有纤维素性渗出。

(2) 另外还包括：卵黄囊水肿增厚，卵黄的吸收不良与变质，喙、脚蹼常干燥；关节肿胀发炎，内有纤维素性关节液；眼结膜炎病变；脑膜充血、出血；实质脏器黏膜及浆膜上的菜花样肉芽肿；生殖器官炎症、变形、变性等病变。

(四) 诊断

根据临床症状、剖检病变可大致判断为大肠杆菌病，然后进行确诊。确诊需进行病原分离鉴定，主要可做麦康凯琼脂的分离培养，然后可进一步做生化、定型实验。

(五) 防治

由于大肠杆菌广泛存在于动物体内和外部环境中，因此对其的防治应采取综合措施。

1. 种蛋的孵化要做好消毒工作。

2. 必须保证商品肉鸭有好的生长环境条件和卫生措施。

3. 免疫接种。由于大肠杆菌血清型的复杂，使用的疫苗应为混合血清型疫苗。最好是能鉴定出大肠杆菌血清型，使用相同类型的疫苗。

4. 药物防治。许多抗菌药对大肠杆菌都有较好的治疗效果，但容易产生抗药性，因此，在预防时应定期轮换用药，在治疗时最好先做药品过敏试验。另外，对气囊炎、肝周炎、卵黄性腹膜炎等出现较严重病变的，抗菌素疗效很差。

第七节　鸭球虫病

鸭球虫病是由于球虫寄生在鸭小肠内而引起的出血性肠炎的疾病，发病率和死亡率均很高。尤其对雏鸭危害严重，常造成大批死亡。即使鸭能暂时挺住，但往往在生长发育的时候会受阻。

（一）病原

病原有泰泽属、温扬属和艾美尔属等孢属多种球虫。鸭球虫病在北方地区危害尤为严重。球虫的卵囊形态大体相同，多为椭圆形，或者圆形，内部的子孢子形态各异。毁灭泰泽球虫卵囊大小为 92 ~13 ×7 ~10 微米，内含 8 个香蕉形子孢子；菲莱氏温扬球虫虫卵大小为 13 ~22 ×10 ~12 微米，内含 4 个瓜子形子孢子囊，每个子孢子囊内含 4 个子孢子。

（二）流行病学情况

1. 2 ~3 周龄雏鸭最易感染此病，在网上育雏的雏鸭下地后 3 ~4 天，即开始发病，地面育雏的雏鸭 18 ~24 日龄时开始发病。发病率可达 30% ~90%，若不及时治疗死亡率达 20% ~71%，严重者甚至可达 80% 以上。6 周龄以上的鸭感染此病通常无明显的临床症状。

2. 传播途径

成年鸭感染多呈良性经过，但成为带虫者，也成为球虫病的重要传染源。本病的发生通常是由病鸭或通过带虫鸭的粪便所污染的地面、土壤、用具以及饲料和饮水而引起传播。本病的发病与温度和湿度有密切的关系，北京地区发生于 4～11 月份，其中以 9～10 月份发病率最高。

（三）症状与病变

1．症状：分为急性与慢性两种。急性症状发生对象为 2～3 周龄雏鸭，表现为精神萎靡，食欲不振，渴欲增加，缩颈垂翅、喜欢仰卧，排出粪便呈红色或紫红色血，常于发病后 2～3 天死亡。感染后能挺过疾病的鸭生长发育会受阻，且增重缓慢。慢性一般无明显症状，偶见腹泻。

2．病变：急性病变可见小肠出血性卡他性炎症，有出血点或出血斑，肠内积留物为淡红或鲜红色，黏膜上覆盖一层麸糠样或奶酪样黏液。

（四）诊断

1．根据流行病学情况、症状及病变可作出初步判断；

2．刮取少量病变部肠黏膜，用 1～2 滴生理盐水调匀，并采用高倍镜镜检，可发现大量裂殖体或裂殖子，或用漂浮法粪检，镜下发现大量球虫卵囊即可确诊。

注意：不能单纯依靠粪检，因有时检查不出卵囊，或带虫鸭虽有卵囊却无临床表现。

（五）防治

1. 保持鸭舍的清洁、干燥，经常对栏舍进行打扫消毒。

2. 药物防治：复方磺胺5－甲氧嘧啶（球虫灵）按0.2%浓度混料饲喂，连用4天；复方磺胺六甲氧嘧啶按0.2%浓度混料饲喂，连喂4天或复方磺胺甲基异恶唑（复方新诺明）按0.2%浓度混料饲喂，连用6天。

第八节　鸭瘟

鸭瘟，又名鸭病毒性肠炎，是鸭、鹅、雁的一种急性败血性传染病。鸭感染发病后，表现为体温升高，脚软，下痢，流泪，部分病鸭头颈部肿大，食道黏膜有小出血点，并有黄褐色假膜覆盖或溃疡，泄殖腔黏膜充血、出血、水肿和坏死。

（一）病原

1. 病原体

鸭瘟的病原体是鸭瘟病毒，属于疱疹病毒科疱疹病毒属中的滤过性的病毒。病毒粒子呈球形，直径为120～180nm，有囊膜，病毒核酸型为DNA。病毒在病鸭体内分布于各种内脏器官、血液、分泌物和排泄物中，其中以肝、肺、脑含毒量最高。此病毒对禽类和哺乳动物的红细胞没有凝集现象，毒株之间在毒力上有差异，但免疫原性相似。此病毒对外界的抵抗力不强，温热和一般消毒剂就能很快将其杀死；在污染的禽舍内（4～20℃）可存活5天；夏季在阳光直射下，9小时毒力即消失；病毒在56℃条件下，10分钟即可被杀死；对低温抵抗力较强，在－5～7℃经3个月毒力仍然不减弱；对乙醚和氯仿敏感，5%生石灰作用30分钟也可灭活，在－10～20℃约1年仍有致病力。

此病毒适用于鸭胚、鹅胚，在一定的条件下也能适用于鸡胚。对于9～12胚龄的鸭胚，病毒容易在绒毛尿囊上生长，初次分离时，多数鸭胚在接种后5～9天死亡，继代后可提前4～6天死亡。死亡的鸭胚全身呈现水肿、出血、绒毛尿囊膜有灰白色坏死点，肝脏上有坏死灶。

此病毒也可适应鹅胚，但不能直接适应鸡胚。只有在鸭胚或鹅胚中继代后，再转入鸡胚中，才能生长繁殖，并导致鸡胚死亡。

此外，病毒还能在鸭胚、鹅胚和鸡胚纤维单层细胞上生长，并可引起细胞病变，最初几代病变不明显，但继代几次后，可在接种后的一天多出现明显的病变，细胞透明度下降，胞浆颗粒增多、浓缩，细胞变圆，最后脱落。经过鸡胚或细胞连续传代到一定代次后，可减弱病毒对鸭的致病力，但保持有免疫原性，可用此法来研制鸭瘟弱毒疫苗。

（二）流行病学情况

1. 此种病毒在鸭身上感染的概率很高。其中，以番鸭、麻鸭这两个品种为典型代表，北京鸭次之。

在人工感染时，小鸭比大鸭易感染，大鸭多为自然感染，这可能由于大鸭常放养，有较多机会接触病原而被感染。鹅也能感染发病，但很少形成流行。2周龄内雏鸡可人工感染致病。野鸭和雁也会感染发病。

此病一年四季均可能发生，以春、秋季较为流行。传染周期不长，但一般为大面积感染。当鸭瘟传入易感鸭群后，一般在3～7天开始出现零星病鸭，再经过3～5天陆续出现大批病鸭，疾病进入流行发展期和流行盛期。鸭群的整个流行过程一般为2～6周。如果鸭群中有免疫鸭或耐过鸭时，可延至2～3个月或更长。

2. 传播途径

鸭瘟的传染途径主要包括直接传染和间接传染两种。既可通过病禽与易感禽的接触而直接传染，也可通过与污染环境的接触而间接传染。被污染的水源、鸭舍、饲料、用具、饮水是本病的主要传染媒介。某些野生水禽感染病毒后可成为传播本病的自然疫源和媒介、节肢动物因本病为病毒血症也可能是本病的传染媒介。病鸭的调运可造成疫情扩散，因此，要谨慎病鸭的处理。

（三）症状及病变

1. 症状

鸭瘟的潜伏期相对较短。一般来说，鸭瘟的自然感染潜伏期3～5天，人工感染的潜伏期为2～4

天。病初体温升高达43℃以上，高热不退。病鸭表现精神萎靡，头颈缩起，羽毛松乱，翅膀下垂，两脚麻痹无力，伏坐在地上不愿移动。强行驱赶时常以双翅扑地行走，走几步即行倒地，病鸭不愿下水，驱赶入水后也很快挣扎回岸。病鸭的食欲明显下降，甚至停食，渴欲增加。

病鸭在病初时眼中会流出浆液性分泌物，使眼睑周围羽毛粘湿，不久后变成黏稠或脓状，常造成眼睑粘连、水肿，甚至外翻，眼结膜充血或小点出血，甚至形成小溃疡。病鸭从鼻中流出的稀薄或黏稠的分泌物，使其呼吸困难，并发生鼻塞音，叫声嘶哑，部分鸭还有咳嗽。

病鸭容易发生泻痢，排出绿色或灰白色稀粪，肛门周围的羽毛被沾污或结块。同时，肛门出现肿胀，严重者有外翻现象，翻开肛门时可见泄殖腔黏膜充血、水肿、有出血点，严重的病鸭的黏膜表面覆盖了一层假膜，不易剥离。部分病鸭在疾病明显时期，可发现头和颈部发生了不同程度的肿胀，触碰它有波动感，俗称“大头瘟”。

2. 病变

病变主要出现急性败血症，全身小血管受损，导致组织出血和体腔溢血，尤其消化道黏膜出血并形成假膜或溃疡，淋巴组织和实质器官出现出血、坏死。

食道黏膜有纵行排列并呈条纹状的黄色假膜覆

盖或小点出血，假膜易剥离并留下溃疡斑痕。泄殖腔黏膜病变与食道相似，即有出血斑点和不易剥离的假膜与溃疡。食道膨大的部分与腺胃交界处有一条灰黄色坏死带或出血带，肌胃角质膜下层充血和出血。

胸腺有大量出血点和黄色病灶区，在其外表或切面均可见到。雏鸭感染时，法氏囊充血发红，有针尖样黄色小斑点，到了后期，囊壁变薄，囊腔中充满白色，凝固的渗出物。肠黏膜充血、出血、以直肠和十二指肠最为严重。位于小肠上的 4 个淋巴环状出现病变，呈深红色，散在针尖大小的黄色病灶，后期转为深棕色，与黏膜分界明显。心外膜和心内膜上有出血斑点，心腔里充满凝固不良的暗红色血液。

（四）诊断

鸭瘟的出现，一般根据流行病学、临床症状和病变特征等进行综合分析，即可做出诊断。必要时进行病毒分离鉴定和中和试验加以确诊。Dot－ELISA 可作为快速诊断。

注意：在鉴别诊断上，主要注意与鸭巴氏杆菌病（鸭出败）相区别。鸭出败一般发病急，病程短，能使鸡、鸭、鹅等多种家禽发病；而鸭瘟自然感染时仅能造成鸭、鹅发病。鸭出败不会造成头颈肿胀，食道和泄殖腔黏膜上也不会形成假膜，肝脏上的坏死点仅针尖大，且大小一致。

诊断方法：取病死鸭的心、血或肝作抹片，经瑞氏染色镜检，可见两极着色的小杆菌。应用磺胺类药物或抗生素治疗有较好疗效等方法，通常可加以鉴别诊断。

（五）防治

预防鸭瘟的措施：

1. 应尽量避免从疫区引进鸭种，如必须引进，一定要对鸭种进行严格的检疫，并经隔离饲养 2 周以上，证明健康后才能进入鸭群饲养。

2. 发生鸭瘟时，应立即采取隔离和消毒措施，并对鸭群接种疫苗进行紧急预防，必要时剂量加倍，用来降低发病和死亡。另外，扑杀病鸭，停止放牧，可以防止病毒传播，从源头上防止鸭瘟的再发生。

3. 禁止在鸭瘟盛行区域和野水禽出没区域放牧。平时对禽场和养禽工具进行定期消毒。在受威胁区内，所有鸭、鹅应注射鸭瘟弱毒疫苗。肉鸭一般在 20 日龄以上注射一次即可，产蛋鸭应安排在停产期或开产前一个月注射。

4. 对价值较高的鸭，可在病初肌肉注射高免血清0.5毫升/只，也可用聚肌胞肌肉注射1千克/只，3天1次，连用2~3次即可。

第九节　鸭传染性浆膜炎

鸭传染性浆膜炎，又称鸭败血病或鸭疫里氏杆菌病，一种传染性较强的疾病，是由鸭疫里默氏菌引起的一种高致病性的接触性传染病。该病是危害养鸭业发展的主要传染病，多呈疫点特点分布，一旦发病，流行区域很广，很难扑灭，且持续存在，可引起不同批次的鸭的感染发病，给养殖户造成了巨大的经济损失。

(一) 病原

鸭传染性浆膜炎的病原体是里默氏杆菌，革兰氏阴性，无芽孢，不能运动，有12个血清型。本菌对外界环境的抵抗力不强，在水中或垫料中生命力强，分别存活13天和27天。

发病原因：饲养管理不细致，卫生条件差；地面潮湿，环境恶劣；密度过大，通风设备不好，空气不流通；突然更换饲料或过早使用大鸭料；天气骤变等应激因素都会引起本病的发生或流行。

(二) 流行病学情况

此病没有明显的季节性，一年四季均可能发生，但以冬春季节为典型发病期。主要侵害对象为 1 ~8 周龄的雏鸭，2 ~3 周龄的小鸭最易感染，该病主要从呼吸道和皮肤外伤感染，也可通过种蛋垂直传播。

（三）症状与病变

1. 症状

病鸭若属自然感染，其潜伏期一般为 1 ~3 天，个别也可达 7 天。根据临床表现和病程的长短，一般可将本病分为急性型、亚急性型和慢性型三种。

（1）急性型。主要对象为幼鸭群，幼鸭常在受到应激因素刺激后而突然发病，一般无明显症状即发生死亡。

（2）亚急性型。发生对象多为 2 ~3 周龄的雏鸭，病程一般为 1 ~8 天左右。主要表现为：排出粪便稀薄，呈绿色或黄绿色，部分雏鸭腹部膨胀；濒临死亡时出现神经失调，两肢伸直呈角弓反张状态；眼、鼻有黏液性或浆液性分泌物，眼周围毛粘连一起形成“眼圈”，个别情况下，鸭眼周围羽毛会脱落；缩颈，喙抵地面，嗜睡，两肢软弱，跛行或卧地不起，伏卧，行走打晃，转圈，倒退。

（3）慢性型。日龄较大的雏鸭感染或流行后期染病，一般多呈慢性经过，致死率较低，约为 1% ~7% ,但容易出现僵鸭、残次鸭，造成雏鸭发育迟缓，增重缓慢。

2. 病变

本病特征性典型病变表现为：浆膜出现广泛性

的纤维素渗出，在肝表面、心包膜和气囊等位置最为明显。

急性死亡鸭表现为：肝脏肿大，并呈橙红色，实质较脆心包膜积液；病程较急的病死鸭，肝脏多肿大，常呈土黄色或棕红色，有散在针尖大小的灰白色坏死点，心包液会增多，胆囊肿大，内充满浓稠胆汁，心外膜表面覆盖有纤维性渗出物。病程较长者，肝脏表面覆盖一层灰白色或灰黄色纤维素膜，极易剥离；心包囊有淡黄色纤维素充填，使心包膜与心外膜粘连，渗出物干燥；鼻窦肿大的病鸭，刺破鼻窦后可见大量的干酪样蓄积。

（四）诊断

在临床上，本病与鸭沙门氏菌病、鸭大肠杆菌病、鸭衣原体病和鸭巴氏杆菌病及其相似，应注意鉴别。

由临床观察及剖检所见可做初步诊断，但最后诊断乃需分离细菌加予鉴别。

（五）防治

1. 鸭传染性浆膜炎的预防

加强饲养管理，坚持“全进全出”制度，减少应激因素，并在流行区域通过在雏鸭料中添加抗菌素药物等办法，来控制发病；也可使用防治疫苗即鸭疫里默氏杆菌灭活苗，在 10 ~ 14 日龄和 2 ~ 3 周龄各接种一次，可保护肉鸭不发病。

什么是“全进全出”的管理制度？

全进全出制，是指在一个鸭舍或养殖场，饲养同一日龄的雏鸭，如果雏鸭数量不够，可分二批，而二批鸭日龄与一批鸭日龄相差不超过 5 ~7 天为全进。鸭长大后在同一时间内全部出售上市称全出。出场后清洁消毒，相隔 1 ~2 周再养下一批鸭。

此法有效地切断循环感染的机会，消灭舍内病源菌，使肉仔鸭能健康生长。采取全进全出制在整个饲养期内，管理方便、便于控制鸡舍内温度和机械操作；肉仔鸭生长快，耗料少，死亡率低，经济效益高。

现代鸭场生产多采用这种管理制度。这是由于鸭生长周期短，饲养密度大，管理技术要求高。为了预防疾病传染，各种饲养方式的肉仔鸭均采用“全进全出”管理制度。“全进全出”管理制度已成为国内外采用的基本管理制度。

2. 治疗途径

采用鸭疫里默氏杆菌等多种抗菌素都有效，而林肯（可）霉素为高效治疗药物，可视为首选。

注意：若怀疑混合感染了病毒性肝炎或禽流感等病毒性疫病，可在使用西药的同时，配合中药方剂的治疗，效果会更好。

第十节　鸭绦虫病

鸭绦虫病是鸭的一种重要的寄生虫病。主要由绦虫寄生于鸭小肠所引起，有多种绦虫，常见的是剑带绦虫和膜壳绦虫。此病对鸭危害很大，常造成幼鸭大批死亡。

（一）病原

剑带绦虫和膜壳绦虫体型都较大，长达 20 厘米左右，剑带绦虫最宽达 12 毫米，膜壳绦虫宽 2～6 毫米。虫体为乳白色，有一个头节，上有四个吸盘；一个颈节；几十个体节（孕节）。

（二）流行病学情况

剑水蚤为其中间宿主。孕卵节片或虫卵落入水中，虫卵被剑水蚤吞食，在体内发育为成熟的似囊尾蚴，鸭吞食了含成熟似囊尾蚴的剑水蚤而感染，在小肠内发育为成虫。

（三）症状

症状：病鸭消化紊乱，便秘腹泻交替，贫血、消瘦，生长发育迟缓，有时还出现神经症状如歪颈仰头、行走不稳、麻痹痉挛等。病程为 1～5 天。

（四）诊断

粪检可查到孕卵节片，或剖检看到虫体可以确诊。

（五）防治

1. 不同日龄鸭最好分开饲养。

2. 定期驱虫，一般为春、秋季各1次。

所用药品为：

（1）丙硫咪唑20～30毫克/千克体重，口服；

（2）吡喹酮10～15毫克/千克体重，口服；

（3）硫双二氯酚100～150毫克/千克体重，口服。

第三章　鹅的疾病防治

鹅是最常见的也是最常饲养的家禽之一，靠养鹅发家致富的朋友不在少数。但是，鹅和其他的禽畜一样，容易得一些疾病。如果医治不及时，或者医治的方法不当，都容易致使死亡，给我们带来经济上的损失。为了减少和控制疾病的发生，最好的办法就是做好疾病的防治工作。要做好疾病的防治工作，首先就需要了解鹅有哪些常见的疾病，以便能够更好地进行对症治疗。下面给大家介绍几种鹅的常见病，希望可以帮助我们解决在饲养鹅时遇到的一些困难和问题。

第一节　小鹅瘟病的症状以及防治

（一）小鹅瘟的症状

小鹅瘟，是由小鹅瘟疫的病毒引起的，具有高度传染性和致死亡率的传染疾病。这种病是通过小鹅的消化道进行传染的，其传染速度快，并具有败血性。该疾病主要侵害 4 ~ 20 日龄的雏鹅，受到感染的程度随日龄的增长而会慢慢减弱。7 日龄内的雏鹅发病时，多呈急性的症状，患病雏鹅见不到症状而突然死亡，死亡率高达95% ~100%，这是一个很高的比率。7 ~14 日龄的雏鹅发病，病程一般在 2 天左右，表现为不进食，多饮水，行动迟缓无力，两腿站立不稳而卧睡，腹

泻，张口呼吸，鼻孔有棕褐色或绿褐色的分泌物。死亡前，两腿有麻痹或抽搐的症状，有些还有神经症状。两周龄以上雏鹅病程 3 ~7 天，部分免疫力较强的患病鹅可以自愈。

（二）小鹅瘟的防治

控制小鹅瘟的最好方法应该是切实搞好预防工作。种鹅可于开产前 1 月，将皮下或肌肉接种鸭胚弱毒苗 100 倍稀释液 1 毫升，于开产前 15 天进行二次免疫。也可用小鹅瘟油剂灭活苗于开产前 20 天每只种鹅肌肉注射 1 毫升。这样免疫了的种鹅，5 个月内所产的种蛋孵化的雏鹅便可获得保护。种鹅未免疫的雏鹅及种鹅免疫期超过 100 天以上繁殖的雏鹅，应在出壳当天每只皮下注射 0.1 毫升鹅胚化雏鹅弱毒苗。在发生小鹅瘟疾病流行的地方，为安全起见，可每只雏鹅皮下注射 0.5 毫升抗小鹅瘟血清

进行保护，一旦发现雏鹅发病，15 日龄内的雏鹅每只注射 1 毫升，15 日龄以上的雏鹅每只注射 2 毫升抗小鹅瘟血清进行治疗即可。

如将病死的鹅进行剖解会出现下列变化：

急性死亡，十二指肠黏膜呈弥漫充血及大量黏液；

在回肠部的肠管膨大，坚实，充塞着一种淡灰色或淡黄色凝固的栓子；

肝、胆囊、肾充血肿大。气泡或纤维碎片的液状稀便，啄部变黑，剖析可见小肠黏膜肿胀充血。病程 2 天以上者，在小肠中下段可见膨大，内有灰白色或淡黄色干硬的管状物，外表被覆纤维性假膜。肝脏稍肿大，呈土黄色。脑膜充血、出血。

第二节　鹅大肠杆菌病的症状以及防治

（一）鹅大肠杆菌病的症状

鹅大肠杆菌病俗称“蛋子瘟”。大肠杆菌是一种广泛存在于自然界和动物体内的条件性致病菌。当鹅的抗

病力下降时，便可使鹅发病。种鹅感染鹅大肠杆

菌病产蛋减少，种蛋受精率、孵化率显著下降。患有鹅大肠杆菌病的种母鹅可见粪便中混有蛋清和凝固的蛋白或蛋黄，病鹅多有卵黄性腹膜炎，泄殖腔羽毛被粪便污染。种公鹅发生鹅大肠杆菌病，则阴茎红肿，不能回缩而露出体外。雏鹅患病则生长发育缓慢、腹泻、怕冷、生长发育受阻。1 周龄的雏鹅感染鹅大肠杆菌病，多发生败血症而死亡。

（二）鹅大肠杆菌病的防治

预防鹅大肠杆菌病，可用大肠杆菌多价灭苗免疫。雏鹅 10 ~ 15 日龄每只肌肉或皮下注射 0.3 毫升，留种鹅 120 日龄注射 0.5 毫升进行第二次免疫，开产前 20 天左右进行第三次免疫，以后每隔 3 ~ 4 月免疫 1 次。

第三节　鹅流行性感冒的症状以及防治

（一）鹅流行性感冒的症状

鹅流行性感冒是一种急性传染病，传染快、死亡率高。多发生于 1 月龄小鹅，大鹅发病较少。气候突变、严寒冬季最易发病。病征是病鹅缩头、瞌睡、卧伏、脚跛、怕冷。

其临床症状表现为精神不振、消化不良、口鼻流黏液、呼吸困难、常发出“丝丝”声、羽毛蓬乱、下痢。

（二）鹅流行性感冒的防治

这种疾病的防治和预防是要搞好鹅的生活环境卫生，厩舍要保持清洁、干燥。了解天气预报，预告有暴风雨时不要放牧。冬季要做好为鹅防寒保温的准备。经常将蒜头捣烂喂鹅，可预防感冒。治疗可选用青霉素，每只小鹅每次肌肉注射1～2万单位，每天2次；也可用磺胺嘧啶片，第一次每只小鹅口服半片（0.25克），以后每隔4小时服1/4片；也可用氯霉素，每只小鹅肌肉注射12～15毫升，每天2次，连用2天可愈。

第四节　绦虫病的症状以及防治

（一）绦虫病的症状

绦虫病是鹅常见的寄生虫病，幼鹅易感染，常导致消瘦而死亡。

其临床症状表现为15天至3月龄多发。病鹅消化不良、粪便稀薄呈青绿色后变灰白色，混有孕卵节片。患鹅食欲不振、口渴十分明显。幼鹅发育不良、极度消瘦、离群常在水边蹲伏、有神经症状、

突然倒卧、起立困难、行走摇摆、失去平衡、常以尾部蹲坐、伸颈张口呈钟摆状摇头，然后仰倒，以脚掌乱划，肢掌麻痹、痉挛。成年鹅多呈无症状经过。

（二）绦虫病的防治

这种疾病的防治和预防是要隔离驱虫，每年保证2次。要避免将带虫卵的粪便排到池塘中，以防再传播。治疗可用槟榔粉或片煎剂，每千克体重0.5～0.75克，投药后10～15分钟，即排虫。服药后5～30分钟，如发现流涎和呼吸困难的，为中毒现象，应立即服用硫酸阿托品解毒，每千克体重0.1～0.25毫克皮下注射；也可用南瓜籽粉，每只鹅20～50克，即用1千克南瓜籽加8千克水煮沸1小时，用药液拌饲料喂服。

第五节　曲霉菌病的症状以及防治

（一）曲霉菌病的症状

曲霉菌病是鹅的常见霉菌病，一般来讲雏鹅发病较多。常发生在阴雨、潮湿的季节。

其临床症状表现为食欲不振、羽毛松乱、闭目缩颈、眼鼻流液、呼吸困难、喘气、呼吸次数增加、口渴、体温升高、后期下痢等。

（二）曲霉菌病的防治

这种疾病的防治和预防方法是要严禁喂发霉变质的饲料，不准给鹅用发霉草垫。用具要严格消毒，厩舍要通风，防止有害气体过量和潮湿。发病季节，每只雏鹅每日用制霉菌素 2～3 毫克，拌入饲料中喂给，连用 3 天，有良好的预防效果。治疗可用制霉菌素，每只雏鹅每日 3～5 毫克，严重的酌增用量，灌服，连用 3～5 天。也可用 1∶3000 硫酸铜溶液饮水，成年鹅用胶管灌服 3～5 毫升，每日 1 次，连用 3～5 天。也可用碘 1 克、碘化钾 1.5 克加蒸馏水 1500 毫升，加热至 25%，气管内注射，每只成鹅 4～5毫升，当天配当天用。

第六节　鹅出败病的症状以及防治

（一）鹅出败病的症状

是巴氏杆菌引起的急性、败血性传染病，一年四季都可能发生和流行，为鸡、鸭、鹅等共患传染病，死亡率较高。

其临床症状表现为，最急性的不出现任何症状便突然死亡；急性的表现为精神不好、羽毛粗乱、离群、闭眼缩头呆立、两翅下垂、不愿意下水、减食或绝食、饮水量增加、下痢较严重、粪便灰黄色或绿色。从口、鼻中流出黏液，呼吸困难，有时曲颈于背后，横卧地

上，兴奋盘旋滚动。最后麻痹、虚脱而死。死亡率高达50% ~80%。

（二）鹅出败病的防治

这种疾病的防治需要平时搞好鹅的饲养管理，增强鹅的抗病能力。定期预防注射禽出败菌苗，每年注射3~4次，每只每次注射菌苗2毫升。发现此病时，应采取立即隔离。对厩舍要搞好清洁卫生，最好用5%生石灰或10%漂白粉对鹅舍和用具进行消毒。对病死鹅进行深埋无害化处理，对已与病鹅接触过的鹅群，除消毒外要用抗菌素或磺胺类药物进行3~5天的防疫性治疗，再用菌苗接种。治疗可用磺胺二甲基嘧啶，每千克体重每次内服0.2克。也可用20%磺胺二甲基嘧啶钠注射液进行肌肉注射，每千克体重用量0.5毫升，即每千克体重用0.1克，每天2次，连续注射2~3天。用青霉素每千克体重2万单位肌肉注射，每12小时1次，直至

病症消除为止。

第七节　鹅卵黄性腹膜炎的症状及其防治

（一）鹅卵黄性腹膜炎的症状

鹅卵黄性腹膜炎由大肠杆菌引起。病鹅精神沉郁，离群落后，减食，肛门外粘污物，粪便带蛋清或凝团的蛋白、发臭。停止饮水，衰竭死亡。病程2~6天。

（二）鹅卵黄性腹膜炎的防治

这种疾病的防治方法是搞好鹅舍卫生，及时隔离病鹅。按鹅每千克体重用链霉素50~200毫克，或氯毒素10~30毫克，卡那霉素10~15毫克，壮观霉素30~40毫克，1次肌肉注射，每天2次。也可用呋喃唑酮每只25毫克，拌入料中饲喂。

第八节　鹅球虫病的症状以及防治

（一）鹅球虫病的症状

鹅球虫病由鹅球虫引起，多发于雏鹅。每年5~8月是发病的高峰期。病鹅食欲不振，精神萎靡，缩颈甩头。粪便呈现红色且黏稠，后期则变为鲜红色。

（二）鹅球虫病的防治

这种病的防治方法是使用青霉素10万单位，进行 1 次肌肉注射。磺胺嘧啶按每千克体重 30～40 毫克或氯苯胍 20 毫克，氨丙林 50 毫克，1 次拌料喂服。莫能霉素（70～120）×10－6 混饲喂服。

第九节　鹅的鸭瘟病的症状以及防治

（一）鹅的鸭瘟病的症状

在养鸭较多的地方，鹅鸭混养，以及鸭瘟病流行疫区，鸭瘟病毒都可能感染鹅而使鹅发生鸭瘟病。鹅的鸭瘟病多发于养鸭旺季的盛夏和秋初时候，不同日龄的鹅均可发病，发病的过程是：通常在鸭群发病后不久，鹅群开始发病，3～5 天后波及全群，病程 2～6 周，发病率 20%～50%，死亡率 90% 以上。鹅发病的症状是：病鹅流泪，眼睑水肿，结膜充血，头颈肿大，呼吸困难，腹泻。

（二）鹅的鸭瘟病的防治

预防鸭瘟病，一是不要鸭、鹅混养，二是可用鸭瘟弱毒疫苗免疫鹅群。雏鹅 20 日龄进行第 1 次免疫，60 日龄进行第 2 次免疫，种鹅在开产前半月进行第3次免疫，成鹅以后每年免疫两次。用鸭瘟疫苗免疫鹅，其疫苗用量为鸭免疫剂量的3～4倍左右。

第十节　鹅副粘病毒病的症状以及防治

（一）鹅副粘病毒病的症状

鹅的副粘病毒与鸡的新城疫病毒，属于同类病毒的不同毒株，因此，也有人将此病称为“鹅的新城疫”病。而且通过试验，已经证明了这一病毒可致鸡及鹅发病，二者之间均具有高度互相感染性和高致死亡率。鹅的平均发病率为60%，而平均死亡率在40%左右。不同日龄的鹅均有容易感染的特点，日龄越小发病率和死亡率越高，并且一年四季均可发病。鹅患病的病程是这样的：小日龄鹅为2～5天，大日龄鹅则为4～10天。大多数鹅发病的初期，有水样腹泻的症状，到后期部分病鹅有扭颈、转圈、仰头等神经症状的出现。30%的病鹅还有呼吸困难、打喷嚏等呼吸系统疾病症状的出现。

（二）鹅副粘病毒病的防治

目前，鹅的副粘病毒病还没有特效药物对其进行很好的治疗。疾病的预防工作除了注重鹅的生活环境的消毒外，还要注意不要把鹅和鸡混养，同时搞好免疫接种工作。免疫接种用灭活苗，种鹅10～

15 日龄进行第一次免疫，60 日龄左右进行第二次免疫，开产前半个月进行第三次免疫，以后成年鹅每年免疫一次。经过免疫的种鹅，所孵化出的雏鹅 15 日龄应进行第一次免疫，60 日龄进行第二次免疫；种鹅未经过免疫的所孵化的雏鹅，5 ~ 7 日龄进行第一次免疫，60 日龄进行第二次免疫。

第十一节　软脚病的症状以及防治

（一）软脚病的症状

软脚病也是鹅容易得的一种常见病。它的病因是由于饲料单一，尤其是矿物质、维生素 D、铁等元素的缺乏。其临床症状表现为脚软无力，不能行走，常用两翅支撑身体行走。

（二）软脚病的防治

对于这种病的防治和预防，应多喂些青草，饲料中要有足够的矿物质。治疗可补给维生素 A、D 和鱼肝油丸 2 ~ 3 粒，适当补给骨粉、贝粉等。

第十二节　鹅口疮的症状以及防治

（一）鹅口疮的症状

鹅口疮由白色念球菌引起的。病鹅生长不良，精神萎靡，羽毛松乱。嗉囊黏膜增厚，呈灰白色，有圆形溃疡，常见伪膜性斑块。口腔黏膜黄色，呈干酪样。

（二）鹅口疮的防治

这种疾病的防治方法是要搞好厩舍卫生，种蛋要进行严格的消毒。口腔黏膜溃疡可以涂碘甘油，嗉囊中可以灌入2%硼酸。饮用0.05%硫酸铜溶液。大群鹅按每千克饲料中加制霉素50～100万单位，连用7～21天。

第十三节　鹅的鸭病毒性肝炎的症状以及防治

（一）鹅的鸭病毒性肝炎的症状

鸭病毒性肝炎病毒可导致雏鸭、雏鹅发病。雏鹅患鸭病毒性肝炎多发生于3周龄内，症状与鸭的病毒性肝炎相似，表现有神经症状、运动失调。死亡时头向后仰，呈角弓反张姿态。

（二）鸭病毒性肝炎的防治

预防该病，一是不应将鹅、鸭混养；二是对种鹅于产蛋前2～4周，每只注射2～3毫升鸭病毒性肝炎疫苗，以保护所繁殖的雏鹅。种鹅未接种此疫苗的，雏鹅出壳当天可接种鸭肝炎弱肝毒疫苗来抵抗鸭病毒性肝炎。

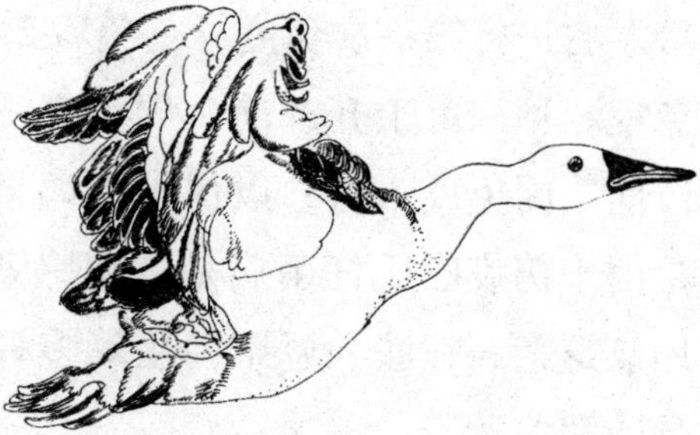

第十四节　鹅的鸭疫巴氏杆菌病的症状以及防治

（一）鸭疫巴氏杆菌病的症状

鸭疫巴氏杆菌病是由里默氏杆菌引起的，以感染2～7周龄雏鸭为主，同时也可感染鹅及其他家禽。鹅患鸭疫巴氏杆菌病与饲养密度大、空气污浊、圈舍湿度大、饲养管理差、饲料营养水平低以及鹅群常有应激情况等有很大的关系。鹅患此病的死亡率比鸭高，特别幼龄鹅感染鸭疫巴氏杆菌病死亡率高达70%左右。急性死亡则无症状，2～3周龄雏鹅发病病程1～3天，主要表现为咳嗽、打喷嚏，眼睛、鼻分泌物增多，呼吸困难，部分鼻窦扩张，死前有神经症状。4～7周龄发病病程为一周左右。

（二）鸭疫巴氏杆菌病的防治

预防鸭疫巴氏杆菌病，一是用灭活疫苗，10日龄左右进行第一次免疫，首免后2~3周进行第二次免疫。种鹅可于开产前2周免疫，以后种鹅每年开产前2周免疫一次，以保护雏鹅早期不受感染。二是由于鸭疫巴氏杆菌病是细菌感染引起的疾病，可用氯霉素、磺胺、恩诺沙星等多种抗生素药物进行预防和治疗。

第四章　狗的疾病治疗与预防

第一节　健康狗的各项标准

体格强壮，骨架牢固，肌肉丰满而结实，符合其品种的成长标准，抱在手里的重量的感觉要比看起来大。

眼睛清澈，炯炯有神。眼垢过多说明存在健康问题。鼻子除了睡觉和刚睡醒时，鼻头呈冷湿状态。

嘴里没有像鱼腥味等臭味，口内的黏膜呈粉红色。牙齿整齐，咬合正常。烂牙或者牙肉红肿都不健康。

被毛清洁而有光泽，尤其是容易患湿疹的长毛狗种更要保持被毛的清洁，皮屑多的狗存在健康问题。

耳朵是冷的，说明狗处于健康状态。耳孔呈茶色或污黑色，有黏糊物都是身体不健康的表现。

经常摆动尾巴，不同狗种的尾巴的特征不同。如果不具备其种类的尾巴特征，说明存在问题。

肛门紧紧闭合，周围没有秽物。肛门周围经常有秽物或者用肛门擦地的狗是存在健康问题的。

四肢强壮有力，行走自然平稳，符合其品种的步态标准，不会出现踉跄或者跌倒的现象，腿的内侧保持清洁。

第二节　狗病常识

一、狗的常见病分类

狗的常见病主要包括营养性疾病、机能性疾病、恶性传染病、非恶性病等几大类。

（一）营养性疾病

营养性疾病是现在狗中最常见的一种疾病，它可能引发各种并发症。例如：脂肪过多引起肝功能出现病变，维生素补充过多引起的维生素中毒，生鸡蛋吃得太多引起的沙门杆菌体内繁殖造成腹泻脱水，蛋白质、脂肪补充过多造成的肥胖等。这种疾病最好的预防就是合理地补充营养。

（二）机能性疾病

机能性疾病主要指身体某部分的机能发生病变形成机能障碍，又可以分为先天性和后天获得性机能障碍两种。先天性机能障碍主要指遗传性疾病，一种是有些人为了维持狗种血系的纯正，有可能会出现近亲繁殖，这种情况很容易出现先天遗传性疾病；还有一种就是某些狗种对一些疾病是易感染群体。后天获得性机能障碍主要是说由于某些意外，狗的正常衰老或者疾病造成的，这种疾病很难避免，只能靠主人平时多加注意。

（三）恶性传染病

恶性传染病主要是狗瘟热、狗细小病毒、传染性肝炎和狂狗病等具有高度传染性的致命性疾病。其中狂狗病属于人畜共患病，这类疾病传染途径多，治愈率比较低，虽然现在已经有了相应疫苗，但是对于幼狗和做过防疫由于某些原因而抵抗力急剧下降的狗（比如，康复的狗、刚刚生产完的狗、或者刚刚做完手术的狗）来说，仍然是一个比较严重的威胁，所以幼狗的防疫和抵抗力低下的狗补种疫苗都是很重要的。这些病可以通过血样化验得出结果，做到提早治疗。

（四）非恶性传染病

非恶性传染病一般指的是各类皮肤病，例如，真菌性皮肤病、寄生虫性的皮肤病或者其他原因引起的皮肤病。非恶性传染病的主要特点是：前期征兆不明显，易被主人忽视，并且容易被主人误用药而错过最佳治疗时期或加速病情发展。这类疾病其实并不是致命病，但是很容易演变成顽症，多次复发很难根治。这类病可以做皮肤样本化验，准确地检验出发病根源是真菌、螨虫、蚧螨、蠕形螨还是球形螨。

二、狗患病的症状

了解狗患病的一些常见症状，有利于尽快发现狗的病情，做到早发现早治疗，避免因为病情的延误而影响到狗的健康和生命。

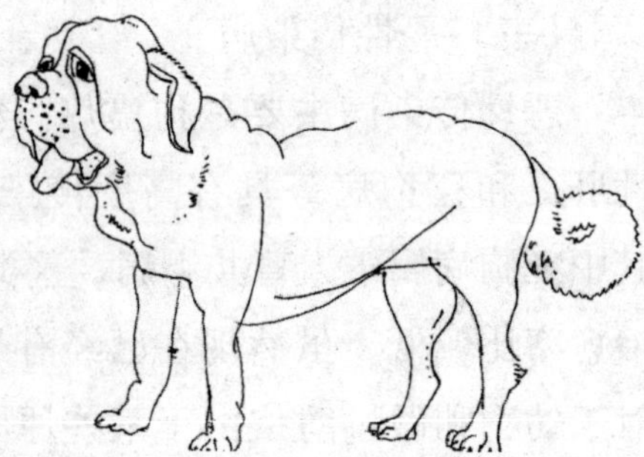

（一）可能身体状况不良或者发病前的征兆：食欲突然减退，没有原因地改变以往的一些习惯，流鼻涕，鼻子很干燥，咳嗽、打喷嚏、呕吐。

（二）可能患口腔疾病的症状：口中有异味；口水增多，并夹带血丝；吃东西时表现出痛苦的表情；舌苔、脸颊内侧黏膜颜色与平日不同。

（三）可能患皮肤病的症状：皮毛失去光泽，焦干，脱落。

（四）可能患眼病的症状：双眼混浊，有眼

泪，眼睛充血，眼白混浊，眼屎过多或眼睛没有光彩。

（五）可能感染寄生虫或传染病的症状：口臭，牙龈充血。

第二节　引起狗脱毛的疾病

狗脱毛是指局部或全身被毛发生病理性脱落，往往伴有其他的症状。脱毛不仅会影响狗的健康和美观，而且还可能会传播给主人疾病，要引起注意，根据症状对症治疗、及早治疗。

（一）钩虫病

患病狗消瘦，结膜苍白，被毛粗乱无光泽易折断脱落，背部常出现大小不等的脱毛斑，露出皮肤，皮肤上出现丘疹或痂皮。病狗食欲不振，呕吐，异嗜，下痢和便秘交替出现，粪便带血或呈黑色，有腐臭气味。

（二）虱病

虱病是由于虱寄生引起的瘙痒和皮肤刺激，从而导致狗的搔抓、摩擦和啃咬，患部被毛粗糙无光泽，易折断和脱落，特别是毛虱的寄生可引起狗大量脱毛。

（三）疥螨病

疥螨病是由疥螨或蠕形螨引起的，主要发生于头部的鼻梁、眼眶、耳郭及根部等地方，有时也发生于前胸、腹下、腋窝、大腿内侧和尾侧，甚至蔓延至全身。蠕形螨主要发生在眼部，一般在眼睛的周围形成不大的脱毛斑，有个别的可以扩展到全身。

患病的狗表现为皮肤表面潮红，有疹状小结，皮下组织增厚，患部皮肤由于经常搔抓、摩擦、啃咬而脱毛。皮肤患部增厚呈鳞屑状，可能会发展成小脓包或化脓性皮炎。

（四）狗黑色棘皮症

多见于老弱病狗，皮肤症状与雌激素分泌紊乱相似，以对称性脱毛、色素沉着、皮肤增厚为主要症状，同时皮肤有油脂样渗出，但无瘙痒症状。

（五）秃毛癣

秃毛癣主要是由狗的小孢子菌和发癣菌属引起的真菌病。秃毛癣一般病程较长，在皮肤上出现圆形或不规则的秃斑，覆以灰白色鳞屑，以头、颈和四肢较为常见，严重时可以连成一片，波及体表的大部分，有时伴有皮炎、丘疹或脓包。

（六）维生素缺乏

维生素 B 缺乏也会引起脱毛现象，同时还会伴有消瘦、厌食、全身无力、视力减退或丧失等症状。

（七）雌激素分泌紊乱

这种病多见于成年未绝育的母狗，表现为雌激素分泌过剩，患狗全身瘙痒，脱毛，皮肤色素沉着；有的病狗阴门肿胀，流血样分泌物，表现为持续发情症状。

第三节　传染性疾病的防治

一、狂狗病

狂狗病是由嗜神经病毒引起的哺乳动物（包括人）和鸡的传染病。狗、狐、狼等动物都是病毒的贮存宿主，蝙蝠的唾液腺也带毒；无症状的隐性感染动物可长期排毒，上述都构成人畜狂狗病的传染源。

病毒主要存在于中枢神经组织、唾液腺内，通过病狗咬伤或皮肤、黏膜的损伤而传染。病毒对各种消毒均比较敏感，可通过大鼠、小鼠、兔、鸡胚等传代，其毒力减弱，用于制备弱毒疫苗。

1. 症状表现

潜伏期与咬伤部位跟大脑的距离有十分密切的关系，距离越近发病越快，范围是 12 ~ 360 天，一般为 2 ~ 8 周。症状表现分为两种类型：

（1）狂躁型

刚开始发病的时候表现为反复无常、脾气变坏、怕光、缩于墙角或暗处以及无目的乱咬。兴奋期增高，遇有轻微刺激响动就跳、瞳孔缩小或放大，不认主人。咬食不能消化、想喝水，但喝不下，流口水。这一阶段约持续1/2～3天，即转为狂暴期。狂怒咬人和其它东西（如铁链、笼具等），无目的乱跑，可以跑离很远，不再认识家，但此时不吠叫。眼肌麻痹，眼球震颤，斜视。经过1～8天之后进入抑制期，肌群麻痹，下颌、舌和眼麻痹。下颌麻痹尤如张口叫，但不出声，进而肢、体都麻痹，最后死亡。

（2）沉默型（哑型）

沉默型表现为下颌下垂，面部呆滞没有表情、眼无神、流口水，喉头因肌肉麻痹不能吞咽，尤如有异物阻塞。声音变哑，结膜充血，眼有脓性分泌物，瞳孔散大，不吃不喝，站立时肌震颤。

2. 防治

定期预防注射，可视实际情况决定是否扑杀病狗。人、狗怀疑被病狗咬伤时，应彻底消毒伤口，挤出淤血，局部用肥皂水、0.1%升汞水、酒精、碘酊消毒，用血清治疗或免疫接种。

二、狗瘟热

狗瘟热是一种非常严重的病毒性传染病，具有高度的接触传染性。主要发生在3～12月龄的幼狗，病狗的眼、鼻分泌物、唾液及粪尿中都含有病毒，通过上呼吸道黏膜感染。一旦病毒侵入机体并得以繁殖，则葡萄球菌、链球菌以及支气管败血波氏杆菌等很容易继发感染，使得疫病复杂化。

1. 症状表现

病狗的症状可分为四种主要类型：

(1) 湿疹型

湿疹型症状主要表现为体温正常或偏高，在胸部、腹部、腿内侧、腋窝等少毛的皮肤上出现脓疱疹。刚开始的时候是皮肤出现红斑，随后形成淡黄绿色水泡，进而形成脓疱，脓疱破溃遗留下白点。眼睑闭合，有脓性分泌物。结膜炎也可扩展到角膜和眼内，引起角膜翳、溃疡和穿孔。

(2) 卡他型

卡他型是一种比较常见的表现症状，主要表现为打喷嚏、咳嗽、结膜苍白、浆液或黏膜性结膜炎，怕光、厌食，有时轻度下痢。随后呈呼吸道型，症状加重。除原有的咽炎外，又发生喉炎、呼吸道黏膜感染，出现支气管炎。鼻分泌物呈脓性、淡黄绿色。病狗呼吸困难，张口喘气。

(3) 消化道型

消化道型（胃肠型）表现为口角流涎、呕吐、腹泻，排泄物为水样、果酱样甚至血性，或有泡沫，脱水、消瘦、衰弱，口腔和舌溃疡。

(4) 神经型

神经型是一种特殊的表现类型，内脏没有明显变化，一般出现于14天“康复”之后，突然表现出唇肌、颞肌、嚼肌及四肢和躯干的某些肌群呈现有节律的和持续痉挛，随后发生麻痹现象。刚开始的时候只是表现为后肢走路不稳，随后出现腿软弱无力，到后期发展为不能站立，最后由于呼吸麻痹而发生死亡。还有一种神经型表现为癫痫样发作，出现痉挛、号叫，病情严重的时候会让听、嗅、视觉全部消失。病狗会发生自我摧残的现象，狂咬出现脓疱的部位，以至露出骨头。死亡率一般在90%左右。

2．防治

（1）注射免疫血清，第一次是狗断奶后，3～4月龄以后再接种两次，中间间隔两周。

（2）发病时一般采取支持和对症疗法，使用退热、镇静药及抗生素治疗。

三、伪狂犬病

伪狂犬病是由伪狂犬病毒所致的哺乳动物急性传染病，自然发生于牛、狗、猫、鼠、猪，由于病毒对外界环境的抵抗力很强，狗吃了患伪狂犬病的猪、鼠、内脏而感染，也可经皮肤伤口感染。感染发病后100%死亡。病毒对漂白粉、甲醛溶液等消毒药抵抗力不强，可用于消毒。

1．症状表现

此病的潜伏期为3～6天。病初表现为神情淡漠，随之表现出不安、拒食，常有呕吐。开始舐擦皮肤受伤处，随后搔抓、舐痒处，产生大范围的烂斑，周围组织肿胀。有的病狗会有撕咬各种物体、跳墙等现象。咽喉麻痹、不能吞咽，口流涎；瞳孔大小不等，反射降低；头、颈及唇肌有时抽搐。

2. 防治

目前没有彻底治疗效果的药物，仍然是以预防为主，注射免疫血清及疫苗。另外，注意环境卫生，用0.1%火碱水对狗舍进行消毒。

第四节　狗胃肠疾病的防治

一、胃炎的防治

胃炎单独发生者少，多与肠炎一起发生，称胃肠炎。主要是由于发霉、腐烂的食物，过冷过硬的饲料，难消化的物质，有刺激性的药物（治皮肤病的药物或鼠药），甚至天气突变均可引起。某些传染病如狗瘟热、狗肝炎、钩端螺旋体病和某些寄生虫（从肠进入胃）等都可继发胃炎。

（一）胃炎的症状

胃炎主要表现呕吐，食欲颓退或废绝，精神不振，腹疼痛、口渴等；严重时，呕吐带血。

（二）防治

止吐，给予易消化的稀食。通过灌肠或用蓖麻油或石蜡油20～50毫升清理胃肠道。慢性胃炎时为刺激胃液分泌、提高食欲，可投服稀盐酸，每天三次，每次0.2～1毫升。也可用苦味酊、龙胆酊或胃蛋白酶。

二、胃扭转病

胃扭转不多见，主要发生于大型狗，似乎有家族性或遗传性。由于长年饱食后奔跑，较老年的狗的胃韧带往往松弛或断裂。当狗剧烈滚动、旋转、上下跳，遇有胃半满时较沉重或充盈液体内容时，则将以食道与胃连接处为轴心，胃的幽门部从右侧转向左侧，构成180°大转弯。

（一）症状表现

突发腹痛，表情淡漠、呆立或倒卧，行动僵硬、不食。腹部迅速膨胀，推动胃下部可听到溅水声；呼吸困难，多于1～2天内死亡。

（二）防治

一般采用手术整复。

三、胃扩张病

狗胃扩张见于断奶的小狗喂饲过量，或者狗吃了不易消化或容易发酵的饲料，如喂玉米片、麦片后没大量饮水等情况下。胃内异物（如石料、金属球、木塞、线绳果核、布片等）及幽门狭窄、肠便秘、梗阻时，由于食物较长时间停留而继发慢性胃扩张。

（一）症状表现

表情淡漠、不安、呻吟、嗳气、呼吸逐渐加快、腹胀，严重时可窒息。慢性胃扩张时，在肋后可摸到胀满的胃；空腹时，叩诊呈鼓音，食后呈浊音、消化不良等。

（二）防治

用胃管导胃，或皮下注射阿朴吗啡（0.001～0.005 克）或碳酰胆碱（0.001 克/25 千克）催吐。胃内异物如不能够除去，可以手术取出。

四、肠炎

肠炎是最常发生的消化道疾病，一般是由饲养不当引起。除了食用过冷的食物之外，一些传染病（如狗瘟热、细小病毒感染、钩端螺旋体等）、寄生虫病（如钩虫、蛔虫、绦虫）及细菌、真菌及其毒素，甚至食量过敏等都会引起肠炎。按性质和严重程度，肠炎可以分为卡他型肠炎、出血性肠炎、坏死性肠炎、纤维素性肠炎等。

（一）症状

症状表现除精神不好、食欲减退、甚至废绝外，最重要的症状是腹泻、拱背、腹痛、肠音亢进、里紤后重等，肛门周围粘污粪便。根据病变的性质，拉稀可以呈水样、或糊状、黏液带血，粪便恶臭。有细菌或病毒感染时，可有体温升高。急性肠炎时

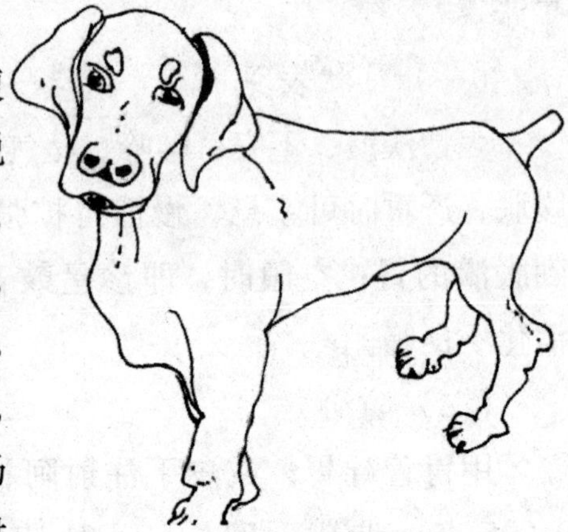

往往有胃炎并发，故出现呕吐和腹泻。病狗严重脱水，精神沉郁，眼球下陷，无神，皮肤失去弹性，脉细、弱、快，血浓缩。单发肠炎有严重腹泻时也会出现脱水现象。粪便带血时，可根据血色判定出血部位，后段色鲜红，如呈煤焦油样，表明是胃内出血。

（二）治疗

轻微的卡他型肠炎，可以自愈。采用清理胃肠的方式，用中性盐类泻剂，加速胃肠腐败发酵的内物排出，然后再用复方龙胆酊、人工盐等健胃。收敛剂可用于治疗水泻不止；次硝酸铋、氢氧化铝可用于保护肠黏膜。用阿托品或颠茄酊止痛。对于细菌或病毒性肠炎，可用磺胺药、呋喃类药或抗生素，如磺胺咪、痢特灵、氯霉素等。还要根据病情，酌量使用强心补液，给维生素 B、C 等。

五、便秘

肠内容物和粪便滞留，最后阻塞肠腔，这就是便秘的征兆。多发于中年狗。长期喂干食又限制饮水，饲料中混有泥土和沙粒，吞咽的野生动物未消化，或单纯喂多纤维植物，以及喂过量的骨头、骨粉或磷酸钙（未吸收的磷酸钙与大肠中排出的其他盐类结合，形成不溶解，不易移动的灰浆块）等，而引起便秘。

（一）症状表现

排便很困难，用很大力气也只能排出几个干粪球，表面有黏液甚至有血丝。病狗显得不安，尾直伸，食欲不振。

（二）防治

用肥皂水或液体石蜡灌肠，有时使用盐类或油类泻剂。

六、肠梗阻

梗阻是局部肠段被毛球、粪块，纠结的线虫，吞下的绳索、异物以及肿瘤等引起，多发于回肠段。

（一）症状表现

呕吐，拱背、吊腹、精神沉郁痛苦状，口渴（脱水故），呼吸、脉搏快等。时间稍长可引起肠穿孔、腹膜炎症状。

（二）治疗

一般采用手术的方法取出。

七、肠变位

肠变位包括肠扭转、肠套叠、肠嵌闭和肠绞窄等。嵌闭是由于肠外物体的压迫，或管掉进疝囊，疝孔将该肠段紧紧嵌闭，造成血液循环障碍（淤血、水肿、出血）和组织坏死等。绞窄和扭转是由于跳跃、翻滚、奔跑等造成肠段转位，使系膜绞窄；或被条索，韧带，原有的孔隙，新形成的组织环等绞住所致。套叠则是一段肠套入另一段内的搅果。扭转多发生于空肠段，也常见全小肠扭转。

（一）症状表现

病狗腹痛、喜卧、呻吟或号叫、甚至打滚，或伸直四肢僵硬地倒地；呕吐。后期昏迷，脉弱无力，死于休克。肠套叠尚可见排便里急后重，脱水等现象。

（二）防治

水合氯醛止痛，手术整复或切除。

八、消化不良

消化不良是由于饲养者的管理不当，让狗饥饱不均、暴饮暴食、食物品质差，冬季食物太凉，夏季食物由于放置的时间过长而导致酸败变质，所用的餐具不干净或用了很长时间也不消毒等原因所引起的。

（一）症状表现

一般表现为便秘、腹泻等症状，患狗呕吐，初为食欲不振，后为泡沫样黏液和胃液，依病变的性质不同，呕吐物中混有血液、胆汁和黏膜碎片等。稀便初为水和粪混合物，后为水样便，有时混有组织碎片及血液。患狗会有轻度的腹痛、体曲伏卧在冷暗处、腹部紧张，有轻度黄白舌苔，机体迅速的脱水，尿色偏黄，病程一般为2~5天。

（二）防治

首先要停饲1天，24小时后再给以菜汤、稀饭等一些容易消化的流质食物。可给予健胃有助于消化的药物治疗，如乳酸菌素，胃酶合剂、食母生等，若拉稀便或水样便且混有黏液、血液者，可口服庆大霉素、黄连素。脱水严重的可输入糖盐水、生理盐水，复方氯化钠。采取以上的治疗措施并精心的护理，2~3日就能够痊愈。

预防主要是采取正确的饲养管理方法。做到饲喂定时、定量，1岁以内的幼狗，1日可以喂4到5次，成年狗2到3次。食物应加工煮熟，品种要多样化，粗细粮搭配，可交叉喂米饭、面条、玉米、地瓜、芹菜、胡萝卜、白菜、熟肉，骨头汤等，保证狗均衡地摄入各种营养物质，满足生长发育的需要。火腿肠等加工过的熟肉制品不应经常饲喂，可以适当喂水果（对幼仔尤为重要）。食物要保持新鲜，防止冰冻、霉败，对狗的食物用具更是要每次用后清洗、消毒，不得与其他的狗混用。

第五节　中毒性疾病的防治

狗的中毒性疾病一般可为食物中毒和药物中毒

性疾病。

一、食物中毒的防治

（一）食物中毒

食物中毒的原因，大多是因为狗吃了腐败变质的鱼、肉、酸奶和其他食物后，由于这些变质的食物中含有较大数量的变形杆菌、葡萄球菌毒素、沙门氏菌肠毒素和肉毒梭菌毒素而引起中毒。

1. 变形杆菌中毒症状和治疗

（1）变质的鱼因为有变形杆菌的污染，引起蛋白质分解，产生组织胺，组织胺中毒潜伏期不超过2小时，狗会突然出现呕吐，下痢，呼吸困难，鼻涕多，瞳孔散大，共济失调等现象。狗可能产生昏迷，后躯麻痹，体弱，血尿，粪便黑色。

（2）治疗：腐败鱼肉中毒可以静脉或皮下注射葡萄糖、维生素C，内服苯海拉明，肌肉或皮下注射青毒素。

2. 葡萄秋菊中毒症状和治疗

（1）葡萄球菌毒素中毒可以引起急性胃肠炎症状，病狗呕屠、腹痛、下痢。严重时出现呼吸困难、抽搐和惊厥。

（2）治疗：采用催吐、补液和对症治疗。必要时可以洗胃、灌肠。

3. 肉毒梭菌毒症状和治疗

（1）肉毒梭菌毒引起狗的运动性麻痹，出现昏迷，甚至死亡。肉毒梭菌中毒时，狗的症状与食入量有关。初期，颈部、肩部肌肉麻痹，逐渐出现四肢瘫痪，反应迟钝，瞳孔散大，吞咽困难，唾液外流，两耳下垂。眼以结膜炎和溃疡性角膜炎多见。最后，因呼吸麻痹而死亡。肉毒梭菌中毒的病擅短，死亡率高。

（2）治疗：由于病程短，发病后应立即注射抗毒素，静脉或肌肉注射。对症治疗可用0.01%高锰酸钾溶液洗胃，投服泻药或灌肠，静脉输液，肌肉注射青霉素。预防的最好方法是狗的食物应煮熟，不能久放，以免腐败变质。

二、药物中毒的防治

狗的药物中毒一般可为农药和鼠药两种较常见。

（一）农药中毒

1. 有机磷中毒

（1）有机磷广泛应用于农业上作为杀虫剂，如敌百虫、乐果、敌敌畏等。误食会引起狗大量流涎、流泪、腹泻、腹痛、小便失禁、呼吸困难、咳嗽、结膜发绀、肌肉抽搐、继而麻痹，瞳孔缩小，昏迷。多因呼吸障碍而死亡。

（2）治疗：首先缓慢静注硫酸阿托品，每千克体重0.05毫克，间隔6小时后，皮下或肌注每千克体重0.15毫克的硫酸阿托品。解磷定可增强阿托品的功能。缓解肌肉痉挛的药物有助于症状的缓合。

在治疗的过程中，应该注意个别狗对解磷定、氯磷定过敏的现象。

2. 酚中毒

（1）酚类制剂广泛用于公共卫生消毒和兽医临床工作中，常见的有石炭酸、来苏儿、愈创木酚、二甲苯等制剂。酚作为腐蚀剂和灭菌剂，可以消毒地面、狗舍、狗食具，如果被狗舔食一定的量，会出现中毒症状。酚制剂能引起神经系统损害。与酚制剂接触的皮肤发红，有渗出。病狗表现为精神不振、呕吐、强直性痉挛、麻痹。

（2）治疗：将局部皮肤用水洗净，然后用10%的乙醇冲洗受侵害部位的皮肤以中和酚，而后用浸油敷料包扎患部以进一步排除酚。治疗食入酚制剂而中毒的狗，可以洗胃，口服牛奶、鸡蛋清或活性炭；静脉给予利尿剂；肌肉注射异丙肾上腺素，加强血液循环以繖休克。

3. 氯化烃类农药中毒

（1）氯化烃类农药包括DDT、六六六等。可以造成狗极度兴奋、狂躁不安或高度沉郁，头颈部肌肉首先震颤，继而波及全身，肌肉痉挛收缩，随后沉郁；流涎不止，不食或少食，腹泻。

（2）治疗：可用清洗法洗胃，用盐类泻剂导泻。给予镇静药可对症治疗狗暲过度兴奋。由于狗脱水、不食，应静脉输液。

4. 砷化物中毒

（1）砷化物中毒即砒霜中毒，其中含有亚砷酸钠、砷酸钙、砷酸铅等，狗误食后中毒。急性中毒狗突发剧烈腹痛，肌肉震颤、流涎、呕吐，运步蹒跚、腹泻、口渴，病狗后肢麻痹，口腔黏膜肿胀，齿龈变成暗黑色，严重时，可见口腔黏膜溃烂、脱落。个别的狗呈兴奋状态，抽搐、出汗、身体末梢发凉，有的部位肌肉麻痹。公狗可见阴茎脱出。

（2）治疗：常用10%的二流基丙醇1～2毫升，间隔1～2小时肌肉注射1次，连用3～4次。也可静脉注射5%的硫代硫酸钠溶液50～80毫升。

（二）灭鼠药中毒

1．有机氟化物类灭鼠药中毒

这类灭鼠药是剧毒药，吃后2～3天病狗出现躁动不安、呕吐、胃肠机能亢进、乱跑、吠、全身阵发性痉挛，持续约1分钟，最后死亡。

治疗：可以采用肌肉注射解氟灵，每千克体重0.1～0.2克，首次用量为全天量的1/2，剩下的1/2量分成4份，每2小时注射1次。配合催吐和洗胃。给病狗喂食生鸡蛋清，有利于保护消化道黏膜。

2．安妥类灭鼠药中毒

安妥类灭鼠药是一种强力灭鼠药，为白色无臭味结晶粉末，能引起肺毛细血管通透性加大，血浆大量进入肺组织，导致肺水肿。狗食入几分钟至数小时后，出现呕吐、口吐白沫，继而腹泻、咳嗽、呼吸困难，精神沉郁、可视黏膜发绀、鼻孔流出泡沫状血色黏液。一般摄入后10～12小时出现昏迷嗜睡，少数在摄入后2～4小时内死亡。

治疗：没有特效解毒药，可采用催吐、洗胃、导泻和利尿的方法进行救治。

3. 磷化锌类灭鼠药中毒

这是一种常用的灭鼠药，呈灰色粉末。食入后几天，它在胃中与水和胃酸混合，释放出磷化氢气，引起严重的胃肠炎。患病狗腹痛、不食、呕吐不止、昏迷嗜睡、呼吸快而深。窒息、腹泻、粪中带血。

治疗：可灌服0.2%～0.5%的$CuSO_4$。溶液10～30毫升，以诱发呕吐，排出胃内毒物。洗胃可用0.02% $KMnO_4$溶液，然后用15克$Na2SO_4$导泻。静注高渗葡萄糖溶液利于保肝。

4. 混合毒素

眼镜蛇和眼镜王蛇的蛇毒属于混合毒素。伤狗的局部伤口红肿，发热，有痛感，可能出现坏死。毒素被吸收后，全身症状严重而复杂，滋有神经尧状，又有血液循环毒素造成的损害，最后，狗会由于窒息或心动力衰竭而发生死亡。

治疗：

被毒蛇咬伤中毒后，为了避免毒液扩散和被身体吸收，采取救治要及时，越快越好。

(1) 防止毒液的扩散

用布带、绳子等扎紧伤口上方，注意止血带不要松，但是只能使用2小时，否则造成所扎紧部位远端缺血性坏死。也可每隔15~20分钟松开1~2分钟。

(2) 除去毒液

用清水或氨水彻底冲洗，或者用1:5000高锰酸钾溶液冲洗。接着应用三棱针乱刺伤口及周围红肿部，或通过蛇牙痕作直线切开以排毒，如有蛇毒牙应立即取出。

(3) 中和毒液

静脉注射单价或多价抗蛇毒血清。为了防止过敏可用0.01%的肾上腺素。

(4) 局部对症治疗

可用冷敷，外用止痛药治疗疼痛；

用皮质类固醇和穴容量扩充剂以治疗中毒性休克；

使用抗菌素预防感染；

注射破伤风抗毒素以防破伤风。

第六节　呼吸疾病的防治

(一) 扁桃腺炎

狗扁桃腺炎多见于腭扁桃腺发炎，不常发生于咽扁桃腺。主要由于吃雪、喝冰水及突然的气温变化以及细菌感染引起，如链球菌、巴氏杆菌、A 型魏氏梭菌等。

1. 症状表现

急性扁桃腺炎多发生于 1～3 岁的狗，表现发烧（41℃）、厌食，常见打哈欠，轻压喉部引起咳嗽。口腔检查，见扁桃腺红肿，有泡沫样黏液，甚至溃疡。

2. 防治

用磺胺或抗生素治疗局部涂以碘甘油（碘 1 份、碘化钾 3 份和甘油 30 份）。

（二）口炎的防治

口炎是口腔（包括舌、齿龈）黏膜的炎症。发病的原因有异物（如鱼刺、骨头等）、过冷过热的食物、化学物质（如舐食腐蚀性药物等）、老狗齿石、各种病原微生物（如病毒、坏死杆菌）以及传染病（如狗瘟热等）都有可能引起。

1. 症状表现

由于口腔疼痛而拒食或小心咀嚼；硬物常从口中吐出，大量流涎，口腔黏膜潮红，温高，口臭，舌苔重。水泡性口腔炎时，口腔黏膜有水泡，其中充满浆液，水泡破裂出现鲜红的糜烂面或溃疡。患溃疡性口炎时，门齿和狗齿齿龈部暗红色出血、肿胀、组织坏死脱落形成溃疡，牙齿松动，与病相对应的唇、颊部也发生溃疡，口恶臭，咀嚼困难。

2. 防治

用0.1%高锰酸钾液、2%氯酸钾溶液或2%明矾液冲洗口腔。溃疡面以碘甘油或1%磺胺甘油混悬液涂擦。慢性口炎用1% ~5%的蛋白银，中药冰硼散效果也很好。

第七节　细菌性疾病的防治

（一）结核病

狗结核病是由人型或牛型结核杆菌引起的慢性传染病。主要是由于舐食结核病人的痰或吸入含细菌的空气而感染。也可以因接触患开放性结核的病牛、病猫而感染。反之，病狗也可传染给人。感染主要通过呼吸道和消化道途径，以室内豢养和缺乏锻炼的老狗多发。

1. 症状表现

由于结核病是一种慢性病，所以病狗会在相当一段时间内不表现症状，然后逐渐表现出食欲不振、容易疲劳、虚弱、进行性消瘦，精神不振等症状。肺结核表现咳嗽（干咳），后期转为湿咳，并有黏液脓性的痰。消化道结核表现为消化功能紊乱，顽固性下痢、消瘦、贫血，常有腹水。皮肤结核多发生于颈部，有边缘不整齐溃疡，溃疡底为肉芽组织。

2. 防治

用链霉素、卡那霉素进行治疗，实行彻底的隔离和消毒。

（二）破伤风

病原是破伤风杆菌，它广泛存在于施肥的土壤和尘土中，淤泥和人畜粪便内也有。当创伤（特别是去势、断尾）因消毒不严而伤口污染时最易发生。

1. 症状表现

发病症状主要表现为肌肉强直性痉挛，反射兴奋性增高、易惊厥，典型症状是两耳竖立、并拢、僵硬、瞬膜脱出、四肢伸直、牙关紧闭、口角后吊强拘面容等。

2. 防治

（1）发生外伤要及时处理，注射破伤风抗毒素。

（2）对病狗要精心护理，对症疗法及用硫酸镁或氯丙嗪镇静、解痉。

（三）细小病毒感染

幼狗特别易感此病，自然感染主要通过直接和间接接触。病狗的粪、尿、呕吐物和唾液中都含有病毒，病毒污染食物、垫料和环境等造成传染。发病率20%～100%，致死率10%～50%，4周龄以内死亡率最高。康复狗的粪尿中可长期带毒，以及隐性感染的狗带毒，都是危险的传染源。

1. 症状表现

症状表现为肠炎型和心肌炎型两种类型：

（1）肠炎型

肠炎型一般表现为先呕吐，接着出现血样腹泻，排出番茄汁样或带血的腐臭稀便，精神沉郁、食欲废绝，体温升高。病狗迅速脱水、衰竭而死。有的病例呈现间歇性腹泻，也有的病例口腔内出现小水泡，形成溃疡。

（2）心肌炎型

心肌炎型一般不表现症状或仅有轻度腹泻，突然衰竭，出现呼吸困难死亡。

2. 防治

目前，还没有特效治疗方法，一般采取的是对症治疗。在发生脱水的时候进行大量输液，同时使用抗生素防止继发感染。

第八节 虫类疾病的防治

一、丝虫病

丝虫病又称为“狗丝虫”，主要寄生于右心室或肺动脉，会引起心脏机能障碍而造成种种症状。

寄生媒介是蚊子。蚊子吸取有丝虫寄生的狗的血液，再叮咬健康狗的皮肤，于是，丝虫就会由皮肤入侵体内，在200天左右，可经由脂肪组织、肌肉、静脉而到达心脏、肺动脉。

（一）症状表现

寄生虫的数量不多时，并无明显的症状。初期症状是运动时咳嗽、呼吸急促痛苦。病情继续恶化时，会出现食欲不振、精神欠佳、被毛缺乏光泽、咳嗽不停，尤其是早晚气温下降时，情况更为严重。接下来会出现贫血、突然昏倒、腹水、赤褐色尿、肝硬化等症状。

（二）防治

治疗期间，尽量避免食欲不振与营养不良，须充分休养。治疗可分为驱逐成虫与驱除子虫两大种类。5、6 月时，应让狗只接受血液检查或内反应检查，若确定已有成虫寄生，则进行砷的静脉注射或肌肉注射，或是利用外科手术除去成虫。

在子虫达到心脏内之前就予以驱除。而且在蚊子滋生的 6 ~ 12 月期间，每日的饮食内须混合内服药。

另外，应在狗舍周围铺设防虫网或放置蚊香，并保持狗舍周围清洁。

二、球虫症

球虫症的原虫经由某种途径由口入侵体内，而在小肠引起感染。

（一）症状表现

会出现严重黏液便、食欲不振、贫血、脱水等症。

（二）治疗

利磺胺制剂驱杀原虫，但是，狗若发生严重的脱水症状，必须要打点滴治疗。保持狗舍清洁，彻底扫除狗只的粪便。

三、住血原虫病

这是由感染住血原虫所引起的疾病，而且也会传染至人体。感染的途径是，狗粪中的住血原虫经口进入体内。

（一）症状表现

症状一般表现为食欲不振、精神不佳、发烧、呕吐、下痢等症状。不过，一般的狗只单独感染住血原虫时（除了幼狗以外），几乎不会发病。但是若本身患有住血原虫病又并发其他疾病，就可能使病状更为恶化。

（二）防治

治疗方法必须由医生决定，并且住血原虫可能由动物传染至人体。

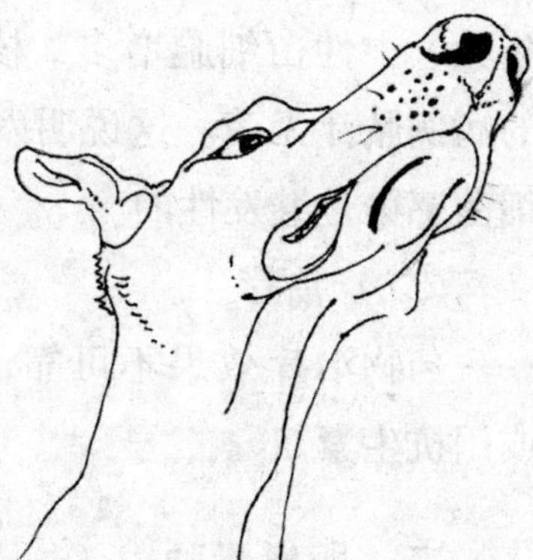

避免病源体进入口中，迅速除去狗粪、蟑螂与苍蝇等传染媒介。此外，牛肉、猪肉煮熟之后再进食，切过肉的砧板须彻底洗净。

第九节　母犬常见疾病

一、子宫内膜增生和子宫积脓

子宫内膜囊性增生和子宫积脓肿症，一般在不育或只产过一胎的老狗中十分常见，主要是由于激素功能障碍引起，也可由于治疗假妊娠用的高剂量动情素引起。有人认为，黄体酮是引起子宫积脓的原发性重要因素。

（一）症状表现

最后一次发情期推迟或延长。动物疲乏，食欲不振，口渴。阴道常有淡黄色巧克力棕色的分泌物（呈间断性的），子宫颈半开。压迫腹壁时，从子宫内流出脓样物。腹部触诊可摸到肿大的子宫。临床化验，中性白细胞增多，核左移。有人研究：25%的病例脓汁无菌。这说明发病是激素平衡问题，而细菌感染是继发性的。

（二）治疗

药物治疗效果不可靠，建议进行子宫切除术，或用抗生素。

二、卵巢囊肿

这是很常见的病，分泌泡囊肿和黄体囊肿。前者是卵巢内未破裂的卵泡积液肿大形成，后者是黄体发生变性、萎缩，形成球形空腔。一般认为是脑下垂体分泌的促性激素增多或黄体生成素不足所致。囊肿常伴发子宫内膜增生和囊性乳腺病。

（一）症状表现

黄体囊肿主要表现不发情，敦卵巢囊肿则是性欲亢进或持续发情、阴唇肿大。

（二）治疗

用黄体生成素、绒毛膜促性腺激素、黄体酮等。

第五章　猪的疾病防治

第一节　母猪的常见病

一、母猪乳房炎

乳房炎是乳腺受到物理、化学、微生物等致病因子的作用发生的一种炎性变化。本病多由于母猪产后护理不当，感染链球菌、葡萄球菌、大肠杆菌、克雷博氏菌、绿脓杆菌等引起。有时，也可因营养障碍、代谢紊乱、环境应激等引起本病。

（一）流行特点

常发生于产后 5～30 天内，尤其是在夏季，母猪最易发生病症。其危害不仅是患病母猪本身，还引起仔猪发病。

（二）表现特征

1. 乳房潮红，肿胀，发热，变硬，疼痛，不让仔猪吃乳。

2. 开始时乳汁稀薄，内混有絮状小块；严重时乳房溃疡，不分泌乳汁，精神差，食欲不振，体温高。

（三）治疗

（1）隔离仔猪，挤出患病乳腺中的乳汁，用10%鱼石脂软膏、10%樟脑软膏、10%碘酊涂擦乳房患部皮肤。

（2）用长效阿莫西林注射液按推荐剂量，肌肉注射，两天1次，连用2次。

（3）对严重乳腺炎病牛可用5%葡萄糖生理盐水2000毫升，青霉素800～1200万单位，地塞米松20毫克，维生素C5.0克，分别混合静注，每日1次，连用3天。

二、母猪产后食欲不振

（一）病因

（1）由于平时营养失调，加之产后过度疲劳，体力衰竭，引起食欲紊乱；或为满足泌乳而贪食，吃得太多而导致消化不良，影响食欲。

（2）粗纤维不足，易导致胃溃疡或便秘，食欲减退。也有可能对母猪长期粗放饲养，饲料单调，日久则

影响消化功能。

（3）母猪产后，由于腹压突然降低，影响正常消化功能。

（4）分娩时天气寒冷，猪舍保温不良，外感风寒或遇气温过高，猪舍通风不畅，导致食欲不佳。

（5）母猪吞食胎衣，死胎等，引起消化不良；母猪感染子宫炎、乳房炎等，引起体温升高，食欲不振。

（二）预防

（1）饲喂母猪要定时定量，饲料多样化，忌突然更换饲料；怀孕母猪饲料应保持一定粗纤维含量，平时注意营养调节，注意蛋白质、维生素和矿物质的补充，增强母猪体质。

（2）适当运动，增强体质。

（3）做好产房、产具及接产人员的消毒工作，防止产道感染。

（4）圈舍安静，防惊吓、追赶、碰撞、拥挤等。

（三）治疗

（1）桂枝40克，丹参、益母草、木香、当归、川芎、山楂、花粉、葛根、神曲各30克，枳壳、甘草各20克，一剂煎服。

（2）海带500克洗净切碎，鲜肉骨1千克，水3千克，炖熟，分3次喂，每日1次。

（3）氢化可地松0.5%，30%安乃近，青霉素肌注；香注射液6~10毫升，当归注射液8~10毫升，一次肌注。

第二节　猪的传染病的防治

一、猪瘟

猪瘟俗称“烂肠瘟”，由猪瘟病毒引起的急性、热性接触性传染病。

它的流行特点是各品种、年龄、性别的猪都易感染，野猪也易感染，这种病不分季节。病猪具有传染性，通过消化道、呼吸道传播。病死率高达90%以上，近年来以慢性和隐性病例增多。

（一）表现特征

潜伏期一般为5~10天。

1. 急性

高温不退，精神极度沉郁，卧地不起，打寒战。除此之外，脓性眼屎、鼻、嘴、耳、腹下、四肢内侧等皮肤出现紫斑或出血，先便秘后腹泻。孕母猪可发生流产，公猪包皮积尿。

2. 慢性

病程可达20～30天以上，病程较缓和。体温有时高有时低，食欲有时好有时坏，清瘦、贫血。便秘腹泻交替，皮肤有紫斑和坏死痂块。

（二）病变

（1）脾有出血性梗死，肾土黄色或偏白，有出血点。

（2）回盲瓣处有纽扣状溃疡，肠道，膀胱黏膜出血。

（3）淋巴结肿胀，周边出血，大理石样外观。

（三）预防

（1）对仔猪（20日龄）第一次免疫，剂量4头份，60～65日龄二免，剂量5头份。

（2）超前免疫：剂量3头份，注苗后1.5～2小时开奶；60～65日龄二免，剂量5头份。

（3）后备母猪配种前加强免疫一次，以后每年免疫一次，剂量都为4～5头份。

二、猪传染性胸膜肺炎

本病是由胸膜炎放线杆菌引起的一种呼吸道传

染病，表现为肺炎和胸膜炎典型症状和病变，多呈最急性和急性病程而突然死亡，慢性或呈衰弱性消瘦。

（一）流行特点

（1）主要通过空气沫传播，在集约化饲养密度较大的条件下最易传播，特别是运输过程拥挤或气候突变、通风不良等应激因素作用下更易发病。

（2）成年猪呈隐性经过或表现为呼吸障碍。本病流行日趋严重，已成为世界性工厂化养猪五大疫病之一。

（二）表现特征

（1）病猪精神沉郁、废食、体温升高，呼吸异常困难，常呆立或呈犬式坐势，咳喘并有腹式呼吸，严重者从口鼻流出泡沫血性分泌物，末梢皮肤发绀，很快死亡。

（2）慢性则表现为生长缓慢。当有应激条件出现时，则症状加重，肌肉苍白，心跳加快，突然死亡。

慢性病变多见胸腔积液，胸膜表面覆有淡黄色渗出物。病程较长时，可见硬实的肺炎区。

（三）防治

（1）发现病猪，及时隔离处理。

（2）注意通风换气，保持舍内空气清新。减少各种应激因素的影响，保持猪群足够均衡的营养水平。

（3）采用“全进全出”饲养方式，猪出栏后猪舍彻底清洁消毒，空栏一周后才可重新使用。

（4）发现病猪要及时治疗，新霉素、四环素、泰乐菌素、青霉素等用于注射，疗效较好。

（5）发病场可以从病猪中采取病料培养，制成自家苗使用。国外已研制出菌苗并应用于生产。

（6）发病场可根据实际情况，在发病猪群饲料中适当添加大剂量的抗生素预防。抗生素虽可降低死亡率，但经治疗的病猪常仍为带菌者。

（7）病猪以解除呼吸困难和抗菌为原则进行治疗，注意要保持足够的剂量和足够长的疗程。

（8）感染本病较严重的猪场可用血清方法检查，逐步清除带菌猪，结合经常性的饲料添加药物进行防治，建立健康猪群。

三、猪流行性感冒

猪流行性感冒是由猪流感病毒引起的急性热性传染病。

（一）流行特点

（1）多发于气候骤变的秋季、冬季和早春，呈地方性流行。

（2）该病发病率高，传播快，2～3 天之内传遍全群，病程 1 周左右。发病率高，死亡率低。

（二）表现特征

（1）突然发病，同一猪场的猪几乎全群同时感染。

（2）体温高，呼吸困难，激烈咳嗽，眼鼻流出黏液。

（3）食欲减退或不食，常横卧在一起不愿活动。

（三）预防

（1）铺垫和勤换干草，并定期用5%的烧碱对猪舍消毒。

（2）密切注意天气变化，一旦降温，及时取暖保温。

（3）防止易感猪对感染的动物接触。人发生流感时，也不能与猪接触。

（4）用猪流感佐剂灭活苗对猪连续接种2次，免疫期可达8个月。

（四）治疗

（1）对本病无特殊药物，只有采用对症治疗的药物来减轻病情，避免继发感染的发生。可试用复方吗啉片或复方金刚烷片及板兰根冲剂，用量可根据猪的体重和药品的含量确定。

（2）服用抗生素或磺胺类药物，以防细菌感染。

（3）对病重猪可合用青霉素和链霉素，另加病毒灵，同时肌注，每天2次，连用5天。

（4）在饲料中添加抗生素和抗菌素，比例为0.2%，能使病情得到有效控制。

四、猪口蹄疫

猪口蹄疫的传染性极强，传播迅速，感染和发病率很高，可引起仔猪大量死亡，造成严重的经济损失，在国际上被划分为一类烈性传染病。口蹄疫主要为接触性传播，也能通过空气传播。在集约猪场已无明显的季节性，一年四季都可发生。

（一）表现特征

（1）体温升高，食欲不振，口鼻、蹄下、乳房皮肤出现灰白、灰黄的水泡，开始像米粒大小，后来变得像蚕豆大小了。

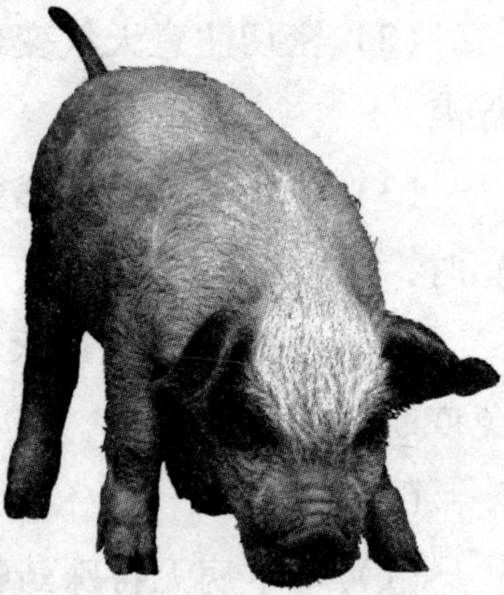

（2）水泡破皮后形成烂斑，在这期间若无细菌感染，经1周后可康复。严重者蹄壳脱落。

（二）防治

（1）场内实行封闭式生产，制定和执行各项防疫制度，控制外来从员进入，定期进行灭鼠、灭蝇、灭虫工作，加强场内环境的消毒净化工作，防止外源病原侵入本场。

（2）根据本场的实际情况，结合血清免疫学监测，制订科学、合理的免疫程序，确保猪群免疫的效果。

（3）使用O型口蹄疫灭活苗肌肉注射，安全性可靠，免疫效果较好。

（4）加强免疫效果监测工作，按免疫程序接种疫苗，对抗性水平低的猪群应加强免疫。

（5）加强对猪群健康状况的观察，发现可疑情况及时上报。做到及早发现、及时处理，全场范围内采取紧急措施，加强猪群消毒工作，猪群、猪体可用过氧乙酸、氯制剂，如消特灵等消毒药物消毒，场地、环境选用烧碱、生石灰等消毒药物彻底消毒。

（6）猪群发病的处理要遵守“早、快、严、小”的原则，采取综合性防治措施，扑杀病猪，严格控制病原外传，疫区内所有猪只不能移动，污水、粪便、用具、病死猪要严格进行无害化处理。

（7）疫情停止后，须经有关主管部门批准，并对猪舍及周围环境及所有工具进行严格彻底的消毒和空置后才可解除封锁，恢复生产。

免疫：种公猪每年进行加强免疫3次，间隔4个月，高效苗2毫升，普通苗3毫升，生产母猪产前一个半月，仔猪断奶时各注苗1次，剂量同上。

仔猪30～40日龄首免高效苗1毫升或普通苗2毫升，60～70日龄二免，高效苗2毫升，普通3毫升。

第三节 猪仔的常见病防治

一、仔猪水肿病

该病是小猪的一种大肠杆菌肠毒血症，其特征为突然发病，运动共济失调，局部或全身麻痹，胃壁和其他某些部位发生水肿，常发生于断奶仔猪尤其是体况健壮的仔猪，小至数日龄大至4月龄也偶有发生，是一种急性高度致死性神经疾病。

（一）流行特点

（1）多发生在断奶后1周至月龄大，体况健壮、生长快的仔猪身上。开始时，仔猪出现腹泻或便秘，1或2天后病程突然加快或死亡。

（2）多发于饲料和饲养方法及气候突变。饲料单一，不全价饲料易发。

（二）表现特征

（1）病猪四肢无力，共济失调。突然腹泻，减食。

（2）眼睑、睑部、头顶部皮下出现水肿。胃壁水肿常见于大弯部和贲门部，黏膜层和肌层之间有一层胶胨样水肿，严重的厚达2~3厘米。大肠系膜的水肿也常见，有些病猪直肠周围也有水肿。

（3）运动障碍，共济失调，盲目行动，1~2天死亡。病死率达90%。

（三）预防

防治：不要从有病地区购进新种猪。仔猪断奶时应注意饲养管理，改变饲料和饲养方法都应循序渐进逐步进行；在出现过本病的猪群内，应控制饲料中蛋白质的含量，增加饲料中粗纤维含量，保持饲料中有足够的硒和维生素 E，对断乳仔猪，在饲料内添加适宜的抗菌药物，如新霉素、土霉素等。按每千克体重 5 ~ 20 毫升添加，哺乳母猪饲料中添加较大剂量的锌，按每千克饲料中添加 50 毫克锌，可以预防本病的发生。

（四）治疗

（1）克净沙与畜炎清肌注；

（2）开门红与畜炎清肌注；

（3）康泰克松并用速尿注射液；

（4）好脑弓或通通克肌拄。

上述药物每天 1 次，连用 2 ~ 3 天。同时用肿病康与利必至拌料内服。

二、猪痘

猪痘由猪痘病毒和痘苗病毒引起的急性接触性传染病。

（一）流行特点

（1）多发于条件差的猪场；春秋两季是多发季。

（2）主发于哺乳仔猪和断奶小猪。

(3) 各种年龄的猪都可感染，并可感染给牛、羊、兔等多种动物。

(二) 表现特征

(1) 体温升高，减食，眼，鼻有分泌物。在鼻、眼皮、四肢内侧、腹下、乳头、背部等地方出现红点，形成丘疹。

(2) 由痘苗病毒引发的形成水疱和脓疱，破溃、结痂病程2~3周。

(3) 猪痘病毒引起的多为红点形成突起的圆形的坚硬的直径1~3厘米的痘疹。

(三) 预防

(1) 加强饲养管理，改善环境清洁卫生，定期消毒。

(2) 局部用消毒液清洗，涂擦消炎膏、碘甘油等药物。

(四) 治疗

(1) 炎热双效与大好合用；

(2) 强新素与全益得合用；

(3) 全感康与安宁呐合用；

(4) 畜炎清与泰乐灵合用；

(5) 力克沙欣与诺必康合用。

三、仔猪白痢

（一）流行特点

本病主要发生于 7～30 日龄的仔猪，7～20 日龄居多。此病菌常存在于猪的肠道内，在正常情况下不会引起发病。当猪舍卫生不好，气候骤变，母猪的奶汁过稀或过浓，造成仔猪抵抗力降低时，就会发病。此病高度传染，一窝小猪中有 1 头下痢，若不及时采取措施，就会很快传播。

临床表现特征：下痢，排便白色、糊状、腥臭味稀便，肛门周围被稀便污染，喜欢钻进垫草里卧睡慢慢消瘦而死亡。病死率的高低与饲养管理及治疗情况有直接关系。

（二）表现特征

突然拉灰白、乳白、淡黄色糊状的腥臭稀粪。

（三）预防

（1）对怀孕的后备母猪和经产母猪采取合理的免疫程序。

（2）产房的卫生、温暖和干燥特别重要。

（3）要使新生仔猪从免疫良好的母猪身上吸取足够的初乳。

病源：病原体是由致病性大肠杆菌引起的，是一种革兰氏阴性、无芽胞、不形成荚膜的短杆菌。该菌外界环境抵抗力不强，常用消毒药和消毒方法即可达到消毒目的。

（四）治疗

(1) 全感康与力克沙欣分开用；

(2) 败林与全感康分开用；

(3) 万红咛；

(4) 开门红肌注并口服；

(5) 痢克到位肌注并口服；

(6) 痢复康肌注并口服。

上述药物，每天1次，连用2~3天。补液补糖补盐，同时用联康、动宝康复、康复散、利必至、肠安宝、泰力康等拌料。

第六章　牛的常见病防治

一、犊牛白喉

犊牛坏死性喉炎俗称犊牛白喉。它是由坏死杆菌引起的一种特殊的恶性型坏死杆菌病。

病原坏死杆菌为不运动，不形成芽孢、革兰氏阴性菌，呈多形性。它在含5%～10%二氧化碳的厌氧环境中生长良好。

在牛血液琼脂上，呈夕溶血。不液化明胶，能发酵葡萄糖、蔗糖、麦芽糖和乳糖，产生微量的酸和气体，能产生靛解质、硫化氢。

卫生条件不良及损伤是促使发病的诱因。较为严重的是犊牛舍阴暗潮湿，运动场泥泞，粪便不及时清扫，褥草不及时更换；脐带消毒不严或不消毒；营养不良，如维生素的缺乏；饲喂品质低劣的干草导致刺伤口腔黏膜及对病畜不隔离等。

传播途径是损伤的皮肤及黏膜，新生犊牛也可经脐带感染。病畜通过粪便、唾液向环境中排出大量病菌，污染了饲料、畜舍、运动场、褥草、场地和水源等，将病情传播。

（一）病症

临床以口腔黏膜、齿龈硬肿、坏死和溃疡及肺炎为特征。犊牛白喉多发生在 1～4 月龄犊牛。病初体温升高 40℃ 左右，厌食，流涎，鼻漏呈脓样，齿龈、颊部、硬腭、舌及咽部有界限明显的硬肿，上附粗糙、污秽褐色的坏死物质。鼻腔、气管黏膜也有病变。当喉部、肺部感染，呼吸困难，咳嗽短具痛感，呼出气具腐臭味，通常经 7～10 天死亡。病程长者，食欲恢复，体重增加缓慢，因部分勺状软骨凸入喉腔，故持续呈现喘鸣声。

（二）防治

消除诱发因素，加强饲养管理。改善环境卫生的条件，及时清除圈舍、运动场积水，保持整洁；对于患腐蹄病牛只及犊牛白喉患牛，隔离治疗，污染环境应彻底消毒；助产要细心，脐带要严格消毒；给予优质细嫩干草，补充足够的营养。

对于病牛应采取如下措施：

1. 局部处理

小心用外科法除去口腔内的坏死组织及脓肿，用3%高锰酸钾液、3%过氧化氢彻底冲洗患部，每日 1 或 2 次，再用碘甘油涂布。

2．全身治疗

消除炎症，防止病灶转移。常用青霉素，一次肌肉注射，每日 2 次。结合使用磺胺药物，效果更好。第 1 天剂量为 143 毫克/千克体重，然后每日 70 毫克/千克体重，治疗 7 ~ 14 天。根据全身症状，必要时可静脉注射葡萄糖、安钠咖等。

二、脑多头蚴病

多头绦虫成虫呈扁平带状，虫体长为 40 ~ 80 厘米，有 200 ~ 250 个节片；头节上有 4 个吸盘，顶突上有两圈角质小钩；成熟节片呈方形；孕卵节片内含有充满虫卵的子宫，子宫两侧各有 18 ~ 26 个侧支。

多头绦虫的幼虫寄生于牛的脑部所引起的一种绦虫蚴病，称为牛脑多头蚴病。

（一）病症

在感染初期，当六钩蚴钻入血管移行到达脑部时，可损伤脑组织，引起脑炎的症状；可表现为体温升高，

呼吸脉搏加速，有前冲、后退和躺卧等神经症状，于数日内死亡。若耐过之后则转入慢性，病牛表现

为精神不振，逐渐消瘦，没有食欲，反刍减弱。数月后，若虫体发育并压迫一侧的大脑半球，则会影响全身，可出现向有虫体的一侧做转圈运动，对侧或双侧眼睛失明。

虫体寄生在不同的部位有不同的反映症状。若虫体寄生在脑组织表面，则局部的颅骨可能萎缩并变薄，手触时局部有隆起或凹陷；若虫体寄生在小脑，则病牛会出现四肢痉挛、敏感等症状；若虫体寄生在脑前部，则有可能头向后仰，直向前奔和前肢蹬空等表现。

（二）防治

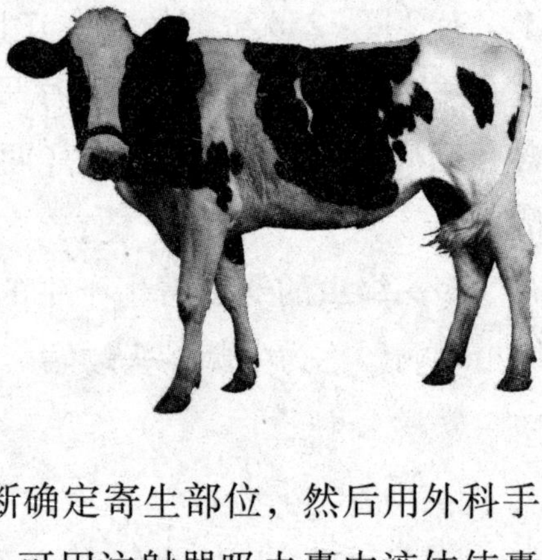

牛患本病的初期没有有效疗法，只能对症治疗。在后期，多头蚴发育增大神经症状明显能被发现时，可借助 X 光或超声波诊断确定寄生部位，然后用外科手术将头骨开一圆口，可用注射器吸去囊中液体使囊体缩小，然后摘除之。手术摘除脑表面的多头蚴效果尚好。

三、疥癣病

疥癣病是由于疥癣螨虫的寄生引起的皮炎。寄生于牛体的疥癣螨有三种类型，由于螨的生活方式不一样，经常发生的部位也是有区别的。无论是哪种类型，皴裂发痒的程度都比其他皮肤病更为剧烈。

（一）病症

刚开始患病时，出现粟粒大的丘疹，随着病情发展开始出现发痒的症状。由于发痒，病牛不断地在物体上蹭皮肤，致使皮肤变得又厚又硬。如果不及时治疗，一年内会遍及全身，影响牛的健康。患病牛的三种症状如下：

1. 穿孔疥癣虫感染

本型主要寄生于表皮，并在其中挖掘虫路，吸取营养。最初发生在头、颈部，逐渐蔓延到肩部、背部及全身。穿孔疥癣虫感染发痒的程度是三种症状中最强的。

2. 吸吮疥癣虫感染

本型主要寄生在皮肤表面，特别是耳部、臀部、腹部等较严重。其发痒的程度比穿孔疥癣虫型稍差。

3. 食皮疥癣虫感染

本型以吃屑皮及痂皮为生，主要侵害牛的尾根部、肛门、臀部及四肢，有时也发生于背部、胸腹及鼻孔周围。本型虽然是三种类型中发痒最轻的一种，当出现皮炎和湿疹样症状时，则剧烈发痒。其脱毛程度比前者更加明显，具有大面积脱毛的特征。

科学表明，大部分病牛感染后，一生不再发病，一般这类病牛治愈后往往成为感染源。严重时伴有充血和出血，治疗后形成像龟裂样的大块痂皮，有时可能全身都出现这种状况。

（二）防治

改善饲养管理，保持牛舍的通风干燥，保持牛体卫生；如果发现病牛，要立即隔离治疗，注意护理，特别是在严寒季节要防冻。工作人员的衣服及器械、场所等均须彻底清扫、洗刷及消毒。

先将牛毛剪掉，清除尘土污垢及浮着的痂皮，再用温和的来苏儿水，肥皂水及草木灰水等刷洗病部或全身。操作时要小心，尽量不要使牛出血。刷洗干净，待表面干燥后，再涂药治疗。涂药可用抹布或毛刷来回用力涂擦，使药物深入毛根周围，如果面积过大可分次治疗，通常涂药不能超过体表面积的1/3。

四、流行热病

牛流行热是牛的一种急性、热性传染病。

（一）病症

夏季气温高，蚊、蠓等吸血昆虫肆虐，极易引发此病，加之其流行面广、传播速度快，呈群发生，明显降低泌乳量。牛流行热有明显的周期性和季节性，大部分病牛采取良性措施，很快就可以恢复正常。

牛流行热一般潜伏期为 3 ~8 天，主要表现为高热及消化道、呼吸道的炎症反应和四肢关节障碍等。病牛突然发病，开始只是个别的，很快波及全群，病势凶猛，体温迅速上升，一般持续 2 ~3 日。在发热的同时，病牛精神沉郁，食欲不振，体温不稳定；眼结膜充血、怕光，眼角流出黏液脓性分泌物；怀孕后期，母牛常发生流产或死胎。

牛流行热病程为 3 ~5 天，大部分牛发病呈良性经过，若能及时治疗，一般预后良好，病死率很低，不过也有部分牛可因长期瘫痪被淘汰或因继发其他疾病而死亡。

（二）防治

为了避免牛的流行热，应采取下列预防措施：

（1）保持牛舍卫生，宽敞透明，通风良好；

（2）平时加强饲养管理，给牛补充营养，防止牛过于疲劳；

（3）种树、设置遮阳棚等方式，防止奶牛中暑；

（4）用生石灰、草木灰进行圈舍消毒，还要做好消灭蚊、蠓等吸血昆虫工作。

牛流行热尚无特效的治疗办法，针对不同的情况采用不同的治疗方法。下面进行简单的介绍：

（1）5% 葡萄糖生理盐水 1500～2000 毫升，配合 20% 安钠咖注射液 20 毫升、维生素 B_1 和维生素 C 各 20 毫升，静脉注射每天 2 次；

（2）采用抗菌药物，以预防继发感染；青霉素 300～320 万单位，链霉素 200～300 万单位，混合一次肌肉注射，每天 2 次；

（3）高热时，可用安痛定注射液 50～60 毫升，一次肌肉注射，每天 2 次；

（4）对发生肺水肿的病牛，可静脉注射 20% 甘露醇注射液 1000 毫升；

（5）对四肢关节疼痛的病牛，可静脉注射 10% 水杨酸钠注射液 150～200 毫升；

（6）对呼吸困难的病牛，可肌注或皮下注射尼可杀米注射液10～20毫升；

（7）恢复期应注意加强护理，调节牛的胃肠功能。这样可以提高用药的疗效，有利于病牛的尽快恢复。

科技改变生活

农产品贮藏与销售
把握好种养时机
农产品巧经营
农村沼气
现代农民经营管理
农村家庭教育
农村就医常识
农村庭院经济
农村植物医生
农村动物医生